FRIEDRICH JONAS

Staatliche Hilfe bei wirtschaftlichen Strukturänderungen

Schriftenreihe der Hochschule Speyer

Band 18

Staatliche Hilfe bei wirtschaftlichen Strukturänderungen

dargestellt am Cotton Industry Act 1959

Von

Dr. Friedrich Jonas

DUNCKER & HUMBLOT / BERLIN

Alle Rechte vorbehalten
© 1963 Duncker & Humblot, Berlin
Gedruckt 1963 bei Hans Winter Buchdruckerei, Berlin 61
Printed in Germany

Vorwort

Der Verfasser, Dr. rer. pol. Friedrich Jonas, hat im Rahmen des Instituts für Forschung und Information der Hochschule für Verwaltungswissenschaften in Speyer im Frühjahr 1962 in Manchester und London die Entwicklung der staatlichen Hilfe für die Neuordnung der britischen Baumwollindustrie studiert. Dabei hatte er Gelegenheit, seine Materialstudien durch persönliche Gespräche mit Fachleuten aus der Verwaltung und der Wirtschaft zu ergänzen. Die wirtschaftlichen Strukturwandlungen gehören zu den großen Problemen im Verhältnis von Staat und Wirtschaft der Gegenwart. Es scheint mir von besonderem Reiz, dieses Verhältnis gerade in einer „Manchester-Studie" behandelt zu sehen.

Prof. Dr. Hartwig Bülck

Vorbemerkung

Hermes, der Schutzherr der Händler und Kaufleute, ist leichtfüßig und nicht beständig. Da es sein Hauptberuf ist, Botschaften der Götter zu überbringen, neigt er dazu, die Verantwortung auf höhere Instanzen abzuschieben. Wer aber seine Biographie kennt, weiß, daß eine derartige Harmlosigkeit nur vorgetäuscht ist und daß er zu allererst seine eigenen Geschäfte und Interessen im Kopfe hat. Da ihm aber Apollon — versöhnt durch eine neue Erfindung — verziehen hat, wollen wir ihn nicht richten. Wir erinnern uns seiner nur dankbar, um auf das Element der Findigkeit und Beweglichkeit hinzuweisen, das notwendig zum Geschäftsleben gehört und das über das Schicksal eines Gewerbezweiges mehr entscheidet als Zahlen und Verordnungen, die man genau nachweisen kann. Die Fähigkeit, etwas Neues herauszufinden, aus einer vielleicht verfahrenen Situation das Beste zu machen, die Energie, die zur Anpassung an eine veränderte Lage gehört — Faktoren dieser Art sind für denjenigen, der sein Augenmerk nicht auf die Vergangenheit sondern auf die Zukunft eines Gewerbezweigs richtet, von entscheidender Bedeutung.

Für den Gesetzgeber, der vor der Frage steht, ob er sich auf einem Teilgebiet der wirtschaftlichen Wirklichkeit engagieren soll, ist die Aufnahme des Status, wie er sich aus der Vergangenheit herausgebildet hat, allein keine zureichende Antwort. Er muß aus einer derartig erarbeiteten Kenntnis der Dinge heraus zu einem Urteil kommen, das neben dem bestehenden Zustand auch seine Verantwortlichkeit für die Zukunft ausdrückt. Dieses Urteil kommt nicht nach der Art eines aristotelischen Syllogismus zustande. Es ist ganz wesentlich bestimmt durch die wirtschaftspolitischen Anschauungen der Regierung und durch die Kontakte, die sie dementsprechend zur Wirtschaft unterhält. Über die großen Ziele mag wenig Streit bestehen, aber die Art und Weise, in der man sie realisiert, wird doch von einer politischen Konzeption abhängen, die nur im ganzen zu rechtfertigen ist.

Für unseren Fall war entscheidend, daß das wirtschaftspolitische Gespräch, das der Gesetzgebung vorausging, geführt wurde zwischen der konservativen Regierung und den Unternehmern der Baumwollindustrie bzw. deren Repräsentanten. Das soll keineswegs heißen, daß etwa die Gesetzgebung vornehmlich oder gar ausschließlich auf Unternehmerinteressen Rücksicht genommen hätte. Eine derartige Vereinfachung ginge an der Tatsache vorbei, daß der moderne Staat keine relevante

Interessengruppe vernachlässigen kann. Es kann aber kein Zweifel daran bestehen, daß ein Plan, der zwischen einer Labour-Regierung und den Gewerkschaften ausgearbeitet worden wäre, wesentlich anders ausgesehen hätte. Ebenso hätte natürlich auch durch das freie Waltenlassen der Marktkräfte eine Neuordnung der britischen Baumwollindustrie bewirkt werden können. Das faktische Vorgehen der britischen Regierung liegt zwischen den beiden Extremen mit einer deutlichen Bevorzugung der letzteren Alternative. Uns scheinen gute Gründe vorzuliegen, die ein derartiges pragmatisches Vorgehen rechtfertigen; aber wir verkennen nicht die besonderen Risiken, die mit einem solchen Ansatz verbunden sind. Aus diesem Grunde scheint uns auch der Fall der britischen Baumwollindustrie allgemeinere Bedeutung zu haben[1]. Man kann an ihm einige der Probleme erkennen, die einer Regierung entstehen, die sich weder aus dem Wirtschaftsleben rein heraushalten will, noch bereit ist, die Kosten und Konsequenzen ihres Vorgehens ins Unermeßliche wachsen zu lassen.

Der industrielle Fortschritt ist zum Lebensnerv unseres Zeitalters geworden. Er ist damit ein Politikum, demgegenüber der Staat nicht gleichgültig sein kann. Wie soll sich der Staat zum industriellen Fortschritt verhalten? Das ist die Frage, die immer im Hintergrund der Wirtschaftspolitik steht. Fortschritt bedeutet nicht nur den Aufbau neuer Ordnungen, er bedeutet auch die Zerstörung alter, nicht mehr wettbewerbsfähiger Systeme. Ist das Zutrauen, das sich zwischen Aufbau und Zerstörung ein Gleichgewicht mehr oder weniger automatisch ergeben würde, gerechtfertigt? Kann es dem Staat, gerade wenn er keine direkten Maßnahmen der Wirtschaftslenkung übernehmen will, gleichgültig sein, wenn dieses Zutrauen erschüttert wird, weil die Voraussetzungen auf denen es beruhte nicht mehr gültig sind? „It is not by applying without question the judgement as to proportion, which were made by the great men who founded our present system, but by forming our own judgement on the facts of our own generation as they did of theirs, that we can show ourselves worthy to be their followers[2]."

Da die Reorganisation der britischen Baumwollindustrie sonst unverständlich bleiben würde, werden wir zunächst einige allgemeine Erläuterungen vorausschicken, die die wirtschaftliche Lage und die Struktur dieser Industrie betreffen. Es folgt dann eine Übersicht über die weltwirtschaftlichen Zusammenhänge, in denen sich die britische Baumwollindustrie behaupten muß — selbstverständlich begrenzt auf die Daten, die für unsere Fragestellung unmittelbar relevant sind. Anschließend geben wir die Darstellung der Reorganisation selbst, wie

---

[1] Spanien, Belgien und Frankreich ventilieren ähnliche Fragen, um ihrer Baumwollindustrie zu helfen. Vgl. Fourth Report from the Estimates Committee, Assistance to the Cotton Industry, London 1962, Q. 424.
[2] Official Papers by Alfred *Marshall*, ed. J. M. *Keynes*, London 1926, p. 386.

sie sich in Weißbuch, Gesetzgebung und den zugeordneten verwaltungsmäßigen Einrichtungen darstellt. Im letzten Kapitel werden wir versuchen, zu einer Würdigung der so eingeleiteten Maßnahmen zu gelangen.

Es versteht sich, daß wir uns in unserer Darstellung an die Grundlinien des Geschehens halten müssen. Die Reorganisation ist ein sehr verzweigtes Unterfangen, mit dem sich viele Fachleute lange Zeit beschäftigt haben und noch beschäftigen. Wir können und wollen nicht den Anspruch erheben, alle Einzelheiten, die vielleicht in diesem oder jenem Einzelfall von Bedeutung waren, zu erwähnen. Uns kommt es darauf an, Ausblick zu gewinnen auf einige Strukturprobleme, denen sich die Staatsverwaltung gegenübersieht, wenn sie sich so im Wirtschaftsleben engagiert. Auch hier bleibt selbstverständlich ein gewisser Beurteilungsspielraum. Wenn aber der Leser vielleicht nicht mit unserem Urteil übereinstimmt, so hoffen wir, ihm doch genug Material an die Hand gegeben zu haben, daß er uns eines Besseren belehren kann.

Die Arbeit wäre nicht möglich gewesen ohne die entgegenkommende Hilfe der Herren, die selbst in leitender Stellung Verantwortung für die britische Baumwollindustrie zu tragen haben. Ihnen sei an dieser Stelle aufrichtig gedankt. Insbesondere Mr. J. *Broatch*, Director General of the Cotton Board, Sir Alfred *Roberts*, General Secretary, National Association of Card Blowing & Ring Room Operatives, Mr. J. A. *Lackey*, Secretary, Manchester Chamber of Commerce, Mr. W. T. *Winterbottom*, Chairman, Fine Spinners & Doublers Ltd., Mr. Mario *Ludwig*, Director, International Federation of Cotton and Allied Textile Industries, Mr. C. *Henniker-Heaton*, Director, Federation of Master Cotton Spinners' Associations Ltd., und Mr. E. R. *Thompson*, Binder, Hamlyn & Co. Professor *Chester* von der University of Manchester hatte die Freundlichkeit, mir die Kontakte zu den genannten Herren zu vermitteln. Mr. Mario *Ludwig* war so entgegenkommend das Manuskript zu lesen.

Dr. Friedrich Jonas

Inhalt

Einleitung 13

I. Struktur und wirtschaftliche Lage der britischen Baumwollindustrie 16
   1. Struktur 16
   2. Wirtschaftliche Lage 26

II. Die wirtschaftliche Lage der britischen Baumwollindustrie in der Weltwirtschaft 28
   1. Der ausländische Wettbewerb 28
   2. Schutzmaßnahmen 31

III. Der Reorganisationsplan 37
   1. Der Cotton Board 37
   2. Beginn der Neuordnung 38
   3. Die erste Phase 41
   4. Die Veredlungsabteilung 49
   5. Die zweite Phase 51
   6. Entschädigung freigesetzter Arbeitskraft 56
   7. Regionale Auswirkung 58
   Exkurs: Details, Fälle 59

IV. Würdigung — Probleme 67
   1. Der Beginn der Reorganisation 67
   2. Der Rückschlag in der zweiten Phase 69
   3. Strukturelle Probleme der Industrie 71
   4. Strukturelle Probleme des Staatseingriffs 76

Schluß 84

Literatur 91

Einleitung

Bevor wir mit der eigentlichen Darstellung beginnen, ist es nötig, einige technische Bestimmungen zu geben, die für das Verständnis unerläßlich sind und deren Bekanntheit nicht allgemein vorausgesetzt werden kann[1].

Zunächst ist festzuhalten, daß die Bezeichnung „Baumwollindustrie" zwar allgemein üblich aber etwas irreführend ist. Seit den dreißiger Jahren sind neben die Baumwolle als Rohstoff die Chemiefasern getreten, die — wenigstens zu einem Teil — auch in der Baumwollindustrie verarbeitet werden. Ihr Anteil als Rohstoff für die Spinnereien der Baumwollindustrie macht gegenwärtig etwa ein Fünftel aus[2]. Von dem gesamten Verbrauch von Textilfasern im Vereinigten Königreich beanspruchen sie etwa ein Viertel[3]. Wenn wir also von der Baumwollindustrie sprechen, so meinen wir nicht nur die Verarbeitung von Baumwolle, sondern auch die Verarbeitung von Chemiefasern, sofern diese sich im Rahmen der herkömmlichen Prozesse der Baumwollindustrie vollzieht.

Der erste Prozeß, dem der Rohstoff unterworfen wird, ist das Spinnen. Die Baumwolle wird gereinigt, ein Vorgang, der bei den Chemiefasern entfällt, die einzelnen Fasern werden parallel zueinander angeordnet und dann zu einem feinen Faden zusammengesponnen. Im Anschluß folgt dann — nicht notwendig, aber doch häufig — das Zwirnen, bei dem, wie es der englische Ausdruck: doubling verrät, zwei Fäden zusammengedreht werden. Zum Spinnen wird entweder eine Mule oder eine Ringspinnmaschine verwendet. Die Mule ist die ältere Maschine; sie liefert ein technisch etwas besseres Garn, stellt aber auch höhere Ansprüche an den Arbeiter, der sie bedient. Die Leistungsfähigkeit der Ringspinnmaschine ist etwa anderthalbmal so groß und es besteht ein-

---

[1] Der Leser, der mit diesen Bestimmungen vertraut ist, kann die Einleitung getrost überschlagen, da sie ihm nichts Neues bieten wird. Derjenige, der mehr, als wir es hier tun können, in die Details einzudringen wünscht, sei auf das Buch von R. *Robson*, The Cotton Industry in Britain, London 1957, verwiesen. *Robson*, den wir im folgenden ebenfalls zugrunde legen, bringt viele Einzelheiten, die wir vernachlässigen; bei ihm findet der Leser auch weiterführende Literaturangaben.

[2] The Cotton Board, Quarterly Statistical Review No. 63, Dec. 61, Raw Material Consumption, p. 5.

[3] The Commonwealth Economic Committee, Industrial Fibres, London 1961, Table 13. Estimated consumption of the chief textile fibres in the United Kingdom, p. 25.

deutig die Tendenz, die Mulespindeln durch Ringspinnmaschinen zu ersetzen.

Das Produkt des Spinnens und Zwirnens heißt Garn und dieses Garn wird dann auf Webstühlen zu Geweben gewebt. Dieses Gewebe ist ein Halbfertigprodukt, grey cloth oder unbleached cloth. Wir werden in Zukunft einfach von Gewebe sprechen, wenn wir das Rohgewebe meinen, wie es von den Webereien erstellt wird.

Es gibt also drei Prozesse, die zu dem Halbfertigprodukt führen: Das Spinnen, das Zwirnen und das Weben. Daran schließt sich die Veredlung zum Fertigprodukt an, d. h. das Bleichen, Färben, Drucken und Ausrüsten. Die Unterscheidung zwischen den Prozessen, die zu dem Halbfertigprodukt führen auf der einen Seite und der Veredlung dieses Halbfertigprodukts zum Fertigprodukt ist wichtig und auch für die Reorganisation der britischen Baumwollindustrie von Bedeutung gewesen. Die Veredlung vollzieht sich in einer Vielfalt von technisch differenzierten Prozessen, die mit dem technischen Fortschritt und den Erfordernissen des Marktes ständig variieren. Die Herstellung des Halbfabrikats ist zwar auch in hohem Maße spezialisiert[4], aber hier handelt es sich doch um vergleichbare und vom Technischen her eindeutig fixierbare Prozesse. Wenn vom Spinnen oder Weben die Rede ist, kann eine eindeutige Zuordnung über ein technisches Merkmal erfolgen, während es sich beim Veredeln um eine Fülle verschiedenartiger Prozesse handelt.

Die weitgehende Spezialisierung der britischen Baumwollindustrie war mit ein Grund dafür, daß in England neben der eigentlichen Fabrikation die Handelstätigkeit in der Baumwollindustrie eine sehr große Rolle spielt. Der Reorganisationsplan befaßt sich mit der Handelsfunktion nicht direkt; wir wollen es aber nicht unterlassen, auf diese strukturelle Eigentümlichkeit hinzuweisen, weil sie für die Entwicklung der Baumwollindustrie eine große Bedeutung gehabt hat und noch hat. Der „Converter" ist sehr oft die Vermittlung zwischen dem Halbfabrikatproduzenten einerseits und dem Veredler und dem Verbraucher bzw. Großhändler andererseits. Das heißt, der Veredler arbeitet in Kommission für den Converter, der das ganze Marktrisiko trägt und das eigentlich spekulative Element darstellt. Wenn von der geringen vertikalen Integration der britischen Baumwollindustrie gesprochen wird, so meint man damit im wesentlichen die Tatsache, daß die Produzenten sowohl der Halbfertig- als auch der Fertigprodukte oft keinen direkten Kontakt mit ihren Absatzkanälen haben und auf die Vermittlung der Converter angewiesen sind[5].

---

[4] Vgl. *Robson*, a. a. O., p. 91 ff.
[5] Vgl. *Robson*, a. a. O., p. 84.

Auf jeder Stufe der Erzeugung gibt es eine Vielzahl von Spezialprodukten und von spezialisierten Fertigungsprozessen. Die Vermittlung zum Konsumenten bzw. Händler wird oft nicht als die Aufgabe der Produzenten angesehen, sondern ist eine selbständige Funktion. Diese Struktur — auf die wir im folgenden näher eingehen werden — ist nicht Gegenstand der Reorganisation gewesen; sie bedingt aber weitgehend deren Erfolg.

I. Struktur und wirtschaftliche Lage der britischen Baumwollindustrie

1. Struktur

Die Geschichte der britischen Baumwollindustrie geht bis in die erste Hälfte des 18. Jahrhunderts zurück. Eine derartige Tradition hat ohne Zweifel Vorteile, weil sie es gestattet, einen großen Schatz praktischer Erfahrungen anzusammeln und die Industrie fest in ihrem Milieu zu verankern. Es entstehen jedoch durch die Beharrungskräfte, die so wirksam werden, auch Nachteile, die sich in der Struktur der Industrie ausdrücken. Solange die Marktlage einer Industrie im wesentlichen unangefochten ist, kann sie mit diesen Nachteilen fertig werden, aber in dem Augenblick, in dem sich ihre Stellung verschlechtert, wird sie zur Anpassung gezwungen und muß alle Konsequenzen auskosten, die alteingewurzelte Gewohnheiten mit sich bringen.

Die Struktur der britischen Baumwollindustrie kann zu einem wesentlichen Teil hergeleitet werden aus der marktbeherrschenden Stellung, die sie bis zum Beginn des ersten Weltkriegs einnahm. Von Adam *Smith* ist das Prinzip bekannt „That the Division of Labour is limited by the Extent of the Market"[6]. Das bedeutet, daß eine Industrie, die einen großen Markt hat, ihre Spezialisierung verhältnismäßig weit treiben kann, daß in dieser Lage weniger die Sicherheit, die die Zusammenfassung der verschiedenen Produktions- und Handelsfunktionen bietet, als die Beweglichkeit angestrebt wird, die die Unabhängigkeit gewährt.

Die Nachteile, die etwa dem Produzenten, durch die Unabhängigkeit des Händlers erwachsen können, sind — gemessen an den Vorteilen, die seine Spezialkenntnisse bieten — gering, solange der Händler praktisch an eine Bezugsquelle gebunden ist. Und gegen Ende des 19. Jahrhunderts lieferte Lancashire vier Fünftel des Baumwollwarenexporthandels der Welt. Der Verlust dieser marktbeherrschenden Stellung ist der Hauptgrund für das Entstehen der strukturellen Schwierigkeiten, mit denen die britische Baumwollindustrie gegenwärtig zu kämpfen hat.

---

[6] Das dritte Kapitel des ersten Buches seines Wealth of Nations ist so überschrieben. Der Leser, der sich für die theoretischen Zusammenhänge interessiert, die hier auftreten, sei verwiesen auf den Aufsatz von G. *Stigler* im Journal of Political Economy, Vol. LIX, 1951.

1. Struktur

Die Frage der Struktur einer Industrie hat natürlich viele verschiedene Aspekte, und es ist insbesondere zu beachten, daß sich hinter dem Titel „Baumwollindustrie" faktisch viele verschiedene Industrien verbergen. Diese Tatsache, die *Harrison* und *Blackburn* so ausdrücklich betonen[7], ist aber unter unserem Aspekt, der immer auf die Gesamtdefinition der Baumwollindustrie abzielt, selbst ein Strukturmerkmal derselben. Wir wollen also zwei Merkmale herausstellen, die uns besonders wichtig zu sein scheinen: einmal die verhältnismäßig große Selbständigkeit der einzelnen Produktionsfunktionen voneinander und wiederum dieser Produktionsfunktionen von der Handelsfunktion, und zum anderen die große Zahl der einzelnen Funktionseinheiten auf jeder Ebene.

Es ist für einen Außenstehenden nicht leicht, das faktisch bestehende Ausmaß der Integration in einer Industrie — selbst innerhalb eines großen Konzerns — abzuschätzen. Man kann zwar allgemeine Gruppierungen feststellen, aber inwieweit diese Gruppierungen eine effektive Integration darstellen et vice versa mutatis mutandis, ist nur schwer zu beurteilen. Mehr als andernorts sind wir hier darauf angewiesen, die Meinungen derer zu übernehmen, die selbst in der Baumwollindustrie tätig sind. Hier geht das einhellige Urteil dahin, daß die britische Baumwollindustrie gering, wahrscheinlich zu gering integriert ist.

Dies gilt zunächst für die Integration von Spinnereien und Webereien. Die Zusammenfassung beider Prozesse in einer Einheit hat sich nicht bewährt. Seit der Mitte des 19. Jahrhunderts ist eine ständige Abnahme derartiger kombinierter Einheiten zu beobachten, eine Abnahme, die besonders ausgeprägt war in der Depression der dreißiger Jahre[8]. Der Trend geht hier dahin, daß an die Stelle der kombinierten Spinn- und Webeinheit die Interessenverbindung von Spinnereien und Webereien tritt, eine Interessenverbindung, die im wesentlichen eine finanzielle Verbindung, nicht jedoch eine industrielle Integration darstellt[9]. Die so bis jetzt erreichte Interessenverbindung wird man nicht als bedeutend ansehen können: Nur etwa ein Drittel der Webstühle sind mit Spinnereien verbunden und die so integrierten Spindeln machen nur 37 % des Gesamtbestandes aus[10].

Derartige Durchschnittszahlen können natürlich nur einen groben Überblick geben; es gibt einzelne Sektoren, die weit stärker integriert

---

[7] „It is not one industry but a series of separate industries employing on the whole, the same machinery and techniques but producing a wide range of products each with its own best form of operation." C. E. *Harrison* und J. A. *Blackburn*, A producer looks at marketing, Cotton Board Conference, Harrogate 1959, p. 38. — Vgl. auch die Ausführungen von Lord *Rochdale* auf der Harrogate-Konferenz 1962, p. 61.

[8] Vgl. hierzu *Robson*, a. a. O., p. 120.

[9] Vgl. Fourth Report of the Estimates Committee, a. a. O., Q. 442.

[10] Vgl. *Robson*, a. a. O., p. 121 und G. W. *Furness*, The Cotton and Rayon Textile Industry, in: The Structure of British Industry, ed. by D. *Burn*, Bd. II, Cambridge 1958, p. 214.

sind. Das allgemeine Bild wird dadurch aber nicht verändert. Interessant sind diese Zahlenangaben jedoch im Zeitvergleich. Hier zeigt es sich, daß die Zunahme der Integration in der britischen Baumwollindustrie der jüngsten Vergangenheit darauf zurückzuführen ist, daß integrierte Firmen eine größere Überlebenswahrscheinlichkeit bei einem Kontraktionsprozeß haben[11]. *Robson* gibt z. B. für 1939 die Zahl der Mule-Spindeln mit 24 Mill., für 1956 mit 13,7 Mill. an. Das bedeutet einen Ausfall von rund 10 Mill. Spindeln, der ausschließlich zu Lasten der nicht integrierten Firmen ging, während die integrierten Firmen die Zahl ihrer Mule-Spindeln von 7,2 auf 8,8 Mill. erhöhen konnten. Bei den Ring-Spindeln stieg die Gesamtzahl in den genannten Zeitraum um knapp eine halbe Million: Bei den integrierten Firmen nahm sie um 1,7 Mill. zu und bei den nicht integrierten Firmen nahm sie um 1,3 Mill. ab[12]. Die Abnahme der Webstühle um 160 000 in dem genannten Zeitraum ging ausschließlich zu Lasten der nicht integrierten Firmen.

Die Struktur der britischen Baumwollindustrie ändert sich also langsam in Richtung auf eine größere Integration, aber dieser Vorgang ist nicht bestimmt durch einen dynamischen Integrationsprozeß, sondern durch eine im wesentlichen passive Anpassung an einen immer enger werdenden Markt. Der Vorteil, den eine kleine Einheit durch ihre Beweglichkeit bei der Expansion hat, verwandelt sich in einen Nachteil, wenn die Bewegung rückläufig wird, insbesondere dann, wenn diese Bewegung zyklischen Charakter hat, also eine abwärts gerichtete Wellenbewegung darstellt. Hier wirkt sich bei einem kleinen Unternehmen die verhältnismäßige Begrenztheit seiner Reserven und vor allen Dingen die Tatsache aus, daß die Zahl der Märkte, auf denen es Anbieter ist, gering ist und daher oft ein schlagartiger Einnahmeausfall eintritt.

Durch die Interessenverbindung erreicht es eine Firma, daß ihre Einnahmen aus einer größeren Zahl von Märkten stammen, auf denen sich die Nachfrage erfahrungsgemäß unterschiedlich entwickelt. Sie kann durch die Integration ferner erreichen, daß sie näher an den letzten Verbraucher herankommt. Wir erwähnten schon oben, daß in der britischen Baumwollindustrie die Verbindung zum Konsumenten oft in den Händen des Converters liegt[13]. Der Converter steht als selbständiger Händler zwischen dem Produzenten von Halb- und Fertigwaren und vermittelt die fertigen Erzeugnisse zum Großhandel. Er gibt das gewobene Tuch dem geeigneten Veredler in Kommission und sorgt dann für des-

---

[11] Hierauf ist es auch zurückzuführen, daß die Leiter großer, integrierter Unternehmen oft bedeutend liberalere Ansichten haben als die kleinerer Unternehmen, die eher konservativ sind.

[12] Vgl. *Robson*, a. a. O., p. 122.

[13] Vgl. hierzu F. S. *Winterbottom,* The Merchant Converter, Cotton Board Conference, Harrogate 1960.

sen Absatz in den Handelskanälen, die je nach Art der Ware dafür zuständig sind.

Diese Trennung der Funktion des Converters von dem Produzenten wird — jedenfalls in dem Ausmaß, in dem sie gegenwärtig besteht — überwiegend negativ beurteilt. Je mehr selbständige Funktionen zwischen dem letzten Verbraucher und dem Produzenten liegen, desto größer sind erfahrungsgemäß die Schwankungen der Nachfrage, denen sich der Produzent gegenübersieht. Spekulative Veränderungen der Nachfrage können so ohne Rücksicht auf die Kostenlage des Produzenten leicht Raum gewinnen und dies wirkt sich bei regelmäßig wiederkehrenden Schwankungen fast immer negativ aus[14]. Auch während der Durchführung der Reorganisation haben sich diese spekulativen Momente als sehr lästig erwiesen.

Das Ergebnis ist eine gewisse Spannung im Verhältnis zwischen den Produzenten von Halbfertigwaren einerseits und dem Converter andererseits[15]. Man bemüht sich, die Integration in der Weise voranzutreiben, daß die Converterfunktion an die Weberei angeschlossen wird. Hier sind größere Fortschritte gemacht worden, ebenfalls in der Weise, daß nicht-integrierte Webereien eine größere Sterblichkeitsrate hatten. Die Gesamtzahl der Webstühle sank von 1939 auf 1956 um rund 160 000, ein Rückgang der fast ausschließlich auf den Ausfall bei den Webereien zurückgeht, die keine Converterfunktion angegliedert hatten[16]. In der Mitte der fünfziger Jahre hatten schon fast zwei Drittel der Webstühle eine entsprechende Verbindung gefunden. Hierbei ist zu berücksichtigen, daß etwa 15 % der Webstühle Erzeugnisse herstellen, die für eine weitere Vermittlung durch den Converter nicht in Frage kommen.

Man darf jedoch die so erreichte Integration nicht überschätzen. Die finanzielle Verbindung zweier Funktionen besagt noch nicht, daß sie auch kapazitätsmäßig aufeinander abgestimmt sind. In der Regel sind die so verbundenen Funktionen nicht aufeinander abgestimmt und stellen unter dem Gesichtspunkt der Produktion kein organisches Ganzes dar[17].

So bedeutet die Verbindung von Spinnerei- und Webereiinteressen nicht, daß die Weber nur Garn der mit ihnen verbundenen Spinnereien verarbeiten oder daß sie alles Garn dieser Spinnereien aufnehmen. Ebensowenig bedeutet die Verbindung mit einem Converter, daß alle

---

[14] Vgl. hierzu *Furness*, a. a. O., p. 216, und *Harrison* und *Blackburn*, a. a. O.
[15] Vgl. hierzu *Winterbottom*, a. a. O.
[16] Vgl. hierzu *Robson*, a. a. O., p. 125, und E. *Kann*, Changes in Marketing and Distribution of Textiles, The Cotton Board Conference, Harrogate 1958, p. 38.
[17] *Furness* spricht hier von der „tapering form of organization", a. a. O., p. 215.

Halbfabrikate ihren Absatz durch den eigenen Converter finden oder daß dieser nur Halbwaren, die aus einem bestimmten Firmenkreis stammen, vermittelt. Zwischen der Menge der hergestellten Halbwaren und dem Absatz des angegliederten Converters bestehen in der Regel erhebliche Unterschiede. Sei es, daß der Converter noch andere Halbfabrikate vermittelt — was weniger häufig ist — oder daß die Weberei sich noch anderer Absatzkanäle bedient[18].

Die tatsächliche Integration hat also nicht die Bedeutung, wie es bei einem bloßen Blick auf die zusammengefaßten Interessen den Anschein hat. Die Unternehmen, die aus der Not eines ständigen Schrumpfungsprozesses entstanden sind, sind vielfach keine abgerundeten Einheiten. Man kann sich vorstellen, daß unter diesen Bedingungen im inneren Aufbau oft erhebliche Spannungen vorhanden sind, die die Entwicklung behindern, sie unter günstigen Umständen aber auch vorantreiben können. Diese Spannungen spiegeln die vorhandenen Marktverhältnisse wieder, die durch eine Nachfrage gekennzeichnet sind, die zugleich rückläufig und schwankend ist. Unter diesen Umständen ist die Neigung der Unternehmungen sich mit so hohen fixen Kosten zu belasten, wie sie der Ausbau einer abgerundeten Einheit erfordert, gering. Das Risiko, das mit hohen Kapazitätskosten verbunden ist, setzt eine gewisse Kontrolle der Absatzbedingungen voraus und nur Unternehmen, die eine verhältnismäßig sichere Stellung im Markt haben, können eine optimale Organisationsform erreichen. Ist die Verankerung im Markt nicht sicher, so liegt das Optimum nicht bei einer abgerundeten Einheit, sondern bei einer „tapering form of organization", die durch eine im Verhältnis zu den Vorstufen verhältnismäßig breite Absatzbasis gekennzeichnet ist. Das setzt voraus, daß im Aufschwung genügend Zulieferanten vorhanden sind und bedeutet, daß das Risiko der Kapazitätskosten im Abschwung auf Grenzbetriebe abgewälzt werden kann. Eine derartige Organisationsform ist Ausdruck der Anpassung an die vorhandenen Marktverhältnisse, aber das bedeutet nicht, daß sie befriedigend ist[19]. Eine Notlage hat bisweilen die Wirkung, daß sie die Menschen, die von ihr betroffen werden, nicht zum Zusammenhalt veranlaßt, sondern in einen Partikularismus hineintreibt, der sich von sehr kurzfristigen Erwägungen leiten läßt. Das ist bei der britischen Baumwollindustrie in gewissem Grade der Fall und ist ein Faktor, den man nicht aus

---

[18] *Robson*, a. a. O., p. 126, gibt eine Aufstellung der Diskrepanzen, die hier bestehen. Von 438 Converter-Weavers haben nur ein Viertel ein in etwa balanciertes Produktions- und Absatzvolumen.

[19] Vgl. hierzu die Ausführungen von Lord *Rochdale*, Chairman of the Cotton Board auf der Harrogate Conference 1961; für Details vgl. *Robson*, a. a. O., und R. *Papke*, Langfristige Strukturwandlungen und Anpassungsprozesse der britischen Baumwollindustrie, Diss. Münster 1961. *Papke* geht nicht über *Robson* hinaus, referiert aber seinen Standpunkt ausführlich auf den Seiten 124—137.

den Augen verlieren darf, wenn man die Chancen der Reorganisation abwägen will[20].

Die Veredlungsfunktion, zu der der Converter die Vermittlung herstellt, ist im wesentlichen selbständig geblieben. Dies hängt mit eben dem Umstand zusammen, der mit die Ursache für die Herausbildung einer selbständigen Converterfunktion gewesen ist: mit der außerordentlichen Vielfalt der hier vorliegenden Prozesse. „The finishers in particular live in a paradoxical world which confuses the inmates let alone the outsider. This of course is due to the variety of end products we make[21]." Technische Erwägungen haben bisher die Verbindung der Veredlung mit den Webereien verhindert; nur auf einigen Spezialgebieten, auf die wir hier nicht näher einzugehen brauchen, sind engere Kontakte zustande gekommen[22]: „The integration of finishing with other sections is relatively uncommon[23]."

Ein wichtiges Moment ist in diesem Zusammenhange die Tatsache, daß der Veredlungsprozeß oft höhere Größenordnungen erfordert als die einzelne Weberei zu liefern imstande ist. Die Produktionsmenge, bei der die optimale Wirtschaftlichkeit erreicht wird, unterscheidet sich auf beiden Produktionsstufen sehr stark. Auch dort, wo eine Interessenverbindung erfolgt ist, ist in der Regel die Kapazität der Endstufe größer als die der vorangehenden Stufen. Die integrierten Firmen der britischen Baumwollindustrie weisen oft die Form einer auf dem Kopf stehenden Pyramide auf. Ihre Endstufen haben eine größere Kapazität als die Vorstufen. Das hat wirtschaftlich die Bedeutung, daß sie für den Aufschwung eine verhältnismäßig große Absatzmenge dadurch erreichen können, daß sie von außen Vorfabrikate hinzukaufen, während ein Nachfragerückgang ihre eigene Erzeugung von Halbfabrikaten immer erst in zweiter Linie betrifft. Ihre Gemeinkosten werden so verhältnismäßig niedrig gehalten, während ihre Leistungskraft durch Betriebe ergänzt wird, die oft im Markt bleiben, obschon sie ihre Kosten nicht decken können. Für diese Betriebe hatte die „orderly contraction", die durch die Reorganisation möglich gemacht wurde, eine besondere Bedeutung. Sie beinhaltete, daß die Regierung das tat, wozu der Großbetrieb nicht willens gewesen war, nämlich einen annehmbaren Übernahmepreis zu zahlen.

Wir wollen unseren Überblick über die Struktur der britischen Baumwollindustrie nicht abschließen, ohne einige Angaben über die Zahl

---

[20] „What we call the cotton industry, is not an industry, it is a loose collection of separate industries, which, to my mind, is a serious weakness". Lord *Rochdale*, Harrogate 1962, p. 61.
[21] W. *Crossley*, The Cotton Board Conference, Harrogate 1960, p. 41, ebenso Fourth Report of the Estimates Committee, a. a. O., Q. 444.
[22] Vgl. *Robson*, a. a. O., p. 118, und *Furness*, a. a. O., p. 215.
[23] *Robson*, a. a. O., p. 117.

und Größe der hier tätigen Betriebe gemacht zu haben. Wir legen hierbei die Zahlen zugrunde, die der International Review of Cotton and Allied Textile Industries[24] veröffentlicht hat und die auf Angaben des Cotton Board beruhen[25]. Auffällig ist bei den hier gegebenen Zahlen, daß sie auf eine Schwerpunktverlagerung hinweisen, die ebenso wie im Fall der Interessenverbindung hauptsächlich als Resultat der Anpassung an einen engeren Markt zu deuten ist. Die Vergrößerung des Anteils der Großbetriebe in den einzelnen Sektoren gegenüber 1939 hat wesentlich den Grund, daß bei einem allgemeinen Absinken der Firmenzahl die größeren Betriebe eine geringere Sterblichkeit aufweisen. Das Vordringen des Großbetriebes wie auch der integrierten Unternehmung ist relativ; Ergebnis eines beständigen Rückzuges, nicht einer dynamischen Expansion.

Die Zahl der Spinnereien sank von 280 im Jahre 1939 auf 98 im Jahre 1961, die Zahl der Spindeln ging in dem gleichen Zeitraum von 39,1 Mill. auf 13,1 Mill. zurück. Die Zahl der Großbetriebe mit über einer Mill. Spindeln sank von 5 auf 2, die Zahl der in ihnen vorhandenen Spindeln von 13,2 auf 3,5 Mill. Die anteilmäßige Zunahme am Gesamtbestand, die sich so ergibt, kann man schwerlich als eine Zunahme der industriellen Konzentration ansehen[26], sondern interpretiert man zweckmäßiger als Zeichen für die größere Resistenz des Großbetriebes bei Einschränkungen. Was im Bereich der Spinnereien auffällt, ist ein verhältnismäßig starker Ausfall in der Mittelgruppe bei Betrieben, die zwischen 80 000 und 200 000 Spindeln besitzen. Am besten haben in dem genannten Zeitraum die in der Größenordnung unmittelbar darunter oder darüber befindlichen Betriebe abgeschnitten. Diese Polarisierung scheint für die gegenwärtige Entwicklung kennzeichnender zu sein als ein Zug zum Großbetrieb.

Mit mehr Berechtigung kann man von einer Tendenz zur Konzentration bei den Webereien sprechen. Hierbei ist allerdings zu berücksichtigen, daß die Zahl der Webereien wesentlich größer ist als die der Spinnereien, und daß die Betriebseinheit auch heute noch relativ klein ist. Hier sind es gegenwärtig 13 Großbetriebe, die knapp ein Fünftel der Webstühle auf sich vereinigen, gegen 25 mit einem knappen Sechstel in 1939. Die Zahl der Betriebe insgesamt hat in dem genannten Zeitraum von 1063 auf 469 abgenommen und auch hier ist gerade die mittlere Gruppe stark betroffen worden, während sich die kleineren Betriebe anteilmäßig gut behaupten konnten. Hier wie bei den Spinnereien ergibt sich eine Ausdünnung der Mitte, die in der Industrie nur zu oft Zeichen eines schlechten Kompromisses ist.

---

[24] Vol. 30, No. 17, März 1962 p. 38.
[25] Auf die hier allfälligen Probleme der genauen statistischen Definition gehen wir hier nicht ein. Vgl. hierzu *Robson*, a. a. O., p. 133 ff.
[26] Vgl. hierzu *Robson*, a. a. O., p. 168/169.

1. Struktur

Bei der Veredlungsindustrie ist der Anteil der Großbetriebe an der Gesamtzahl der Beschäftigten, die hier den statistischen Maßstab angibt, etwas rückläufig. 1939 fand etwas mehr als ein Drittel der Beschäftigten Arbeit in Großbetrieben mit mehr als 1000 Belegschaftsmitgliedern, 1961 waren es genau ein Drittel. Die Gesamtzahl der Unternehmen ist hier von 444 auf 217 zurückgegangen und die Zahl der Beschäftigten von 52 000 auf 36 000. Hier sind die Kleinbetriebe relativ stark betroffen worden, während sich die Betriebe der oberen Mittelklasse nicht nur relativ, sondern auch absolut ausdehnen konnten. Ihre Zahl stieg entgegen der Allgemeintendenz von 8 auf 14, die Zahl der hier Beschäftigten verdoppelte sich von 1939 auf 1961.

Zusammenfassend läßt sich sagen, daß die vorliegenden Zahlen die Anpassung der Baumwollindustrie an den schrumpfenden Markt ausdrücken, aber keine strukturelle Veränderung, die Ausdruck der Überlegenheit einer bestimmten Betriebsgröße wäre. In jeder Gruppe findet sich eine weite Streuung von wirtschaftlichen Betriebsgrößen, und es ist nicht so, daß etwa eine Betriebsgröße allgemein einen Vorrang vor anderen hätte. Es gibt in allen Bereichen Großbetriebe, die z. T. auch noch integriert sind, d. h. Produktionsfunktionen einer anderen Stufe, vielleicht auch noch Handelsfunktion einbeziehen. Diese Großbetriebe haben aber auf keiner Stufe eine beherrschende Stellung[27]. Sie haben eine geringere Sterblichkeit, sind aber weit entfernt davon, einen eindeutigen Vorteil zu haben und so gewissermaßen überzeugende Prototypen einer möglichen Planung im Bereich der Baumwollindustrie zu sein[28]. Diese Struktur ist für die Art und Weise, in der die Reorganisation durchgeführt wurde, von großer Bedeutung gewesen. Sie schloß praktisch einen direkten Staatseingriff, wie er von der Labour Party befürwortet wurde, aus[29]. Bei einer Vielzahl von Betrieben, deren wirtschaftliche Lage nicht nach einem einfachen Maßstab gemessen werden konnte, bot sich das Prinzip der Freiwilligkeit für die Regulierung als der einzig praktikable Ausweg an. Durch diese Struktur wurde aber auch das andere Extrem praktisch unmöglich gemacht, nämlich die Selbsthilfe der Industrie.

Seit dem Ende des ersten Weltkrieges ist immer wieder versucht worden, innerhalb der Industrie zu einer wirksamen Zusammenarbeit zu kommen[30]. Zuletzt hatte der Working Party Report aus dem Jahre 1946

---

[27] Selbst in den USA ist der Anteil der größten Firmen — die im Verhältnis zu europäischen Maßstäben Giganten sind — nicht größer als 4 oder 5 %/o der vorhandenen Kapazität. Vgl. W. T. *Kroese*, The Western European Cotton Textile Industry in a New Period of Development. Cotton and Allied Textile Industries, 1960, p. 20.
[28] Vgl. Fourth Report of the Estimates Committee, a. a. O., Q. 447, 448.
[29] Fourth Report of the Estimates Committee, a. a. O., Q. 635.
[30] Vgl. den Bericht des Spinners Committee, den Sir John *Grey* 1927 erstattete, abgedruckt bei *Robson*, a. a. O., p. 304 ff. Schon die Zollkommission,

eine stärkere Amalgation empfohlen, um eine geordnete Anpassung an die Verhältnisse der Nachkriegszeit zu bewirken[31]. Seit mehr als dreißig Jahren sah man, daß die Probleme, die sich der britischen Baumwollindustrie stellten, die Anpassung der Kapazitäten an die veränderte Lage auf den Weltmärkten, die Ausrüstung mit modernen Maschinen und Anlagen, ein großes Maß an Zusammenarbeit erfordern würden. Praktisch kam man aber nicht über einige Preisabsprachen hinaus, die zudem bei dem Überhang an Kapazität nur eine beschränkte Wirksamkeit haben konnten[32]. Ein Moment, das bei der Auslösung des Reorganisationsplanes mit eine Rolle gespielt hat, ist nun die Tatsache gewesen, daß die Haltung der Gerichte gegenüber diesen Preisabsprachen sich in den fünfziger Jahren änderte und nacheinander den Webern, den Veredlern und den Spinnern die Möglichkeit genommen wurde, untereinander Preisabsprachen zu treffen[33]. Die Industrie verlor dadurch den schwachen Schutz, den sie sich selbst durch Zusammenarbeit verschafft hatte. Unter dem Restrictive Trade Practices Act wäre es nun zwar theoretisch möglich gewesen, eine neue Vereinbarung abzuschließen, mit dem Ziel, die Überschußkapazität zu beseitigen — vorausgesetzt, daß sie unter diesem Act registriert und dann vor dem Restrictive Practices Court dargetan werden konnte, daß sie im öffentlichen Interesse lag — aber das war bei der großen Zahl der in Frage kommenden Firmen kein praktikabler Ausweg. Die praktische Alternative zum Regierungseingriff war das ungehemmte Wirken der Marktkräfte, das einen langen und schmerzhaften Ausleseprozeß zur Folge gehabt haben würde. „If the Government did nothing, would it be possible for the cotton industry to do these things itself? I have no doubt that in the long run it would. But I think it would be a very long and painful process, during which many skilled workers would lose their jobs without compensation[34]."

---

die 1903 von J. *Chamberlain* eingesetzt worden war, hatte auf die ungenügende Zusammenarbeit innerhalb der britischen Baumwollindustrie hingewiesen. Vgl. W. A. S. *Hewins*, „The Apologia of an Imperialist, Bd. I, London 1929, p. 95.

[31] Auch der Cotton Spinning-Requipment Subsidy Act, den Sir Stafford *Cripps* eingebracht hatte, war kein Erfolg. Vgl. Fourth Report of the Estimates Committee, a. a. O., p. 70 und Q. 350.

[32] Vgl. hierzu *Robson*, a. a. O., p. 221 ff., und *Papke*, a. a. O., p. 104 ff.

[33] Die schädliche Wirkung der „price maintenance schemes" für die Struktur der britischen Baumwollindustrie unterstreicht *Harrison*, Fourth Report of the Estimates Committee, a. a. O., Q. 369.

[34] The Earl of *Dundee* im Oberhaus 30. 6. 1959, Parliamentary Debates (Hansard), Vol. 217, No. 92, Sp. 454, in Zukunft zitiert als Hansard. Vgl. a. den Fourth Report of Estimates Committee, a. a. O., Q. 123 und p. 111.

Genauso begründet *Hegel* den Staatseingriff: „... um die gefährlichen Zuckungen und die Dauer des Zwischenraumes, in welchem sich die Kollisionen auf dem Wege bewußtloser Notwendigkeit ausgleichen sollen, abzukürzen und zu mildern." Grundlinien der Philosophie des Rechts § 236, Zusatz.

1. Struktur

Die Regierung ging daher in ihrem Eingriff von den Erfahrungen aus, die man seit dem Ende des ersten Weltkrieges gesammelt hatte. In einer Industrie, die sich aus einer großen Zahl von verschiedenartigen Betrieben zusammensetzt, die zyklischen Veränderungen unterworfen ist, die immer wieder für Grenzbetriebe Beschäftigungsmöglichkeiten bieten — auch wenn die Beschäftigung nur in der Hoffnung aufgenommen wird einen höheren Übernahmepreis fordern zu können — in einer Industrie, in der es viele Betriebe gibt, die ihre Anlagen schon abgeschrieben haben und die daher in ihren Kosten sehr beweglich sind, ist es kaum möglich, eine wirksame Zusammenarbeit zu vereinbaren. Hinzu kommt, daß die Baumwollindustrie in Lancashire eine alte Tradition hat und eine derartige Tradition prämiert Eigenwilligkeit und Eigenständigkeit. Hier gehen noch andere als rein ökonomische Faktoren in die Rechnung ein. Man möchte dem Konkurrenten nicht einfach den Markt überlassen, solange es irgend geht. Man hat aus der Vergangenheit Vorstellungen vom Wert des eigenen Unternehmens, die vielleicht längst überholt sind, die es aber fast unmöglich machen, daß man sich zu einem bescheidenen Preis von der eigenen Wirkungsstätte trennt.

So erklärt sich aus der Struktur der Industrie die Tatsache, daß der Anpassungsprozeß, den wir seit dem ersten Weltkrieg beobachten können, zähflüssig und immer einen Schritt hinter der wirklichen Lage zurück war. Die „Vorsprungszeit der Notstände" (*Gehlen*) blieb immer bestehen, wenngleich es natürlich einzelne Unternehmen gab, die sich entschlossen modernisierten und weitgehend integriert sind[35]. Als daher Lord *Rochdale* auf der Cotton Board Conference in Harrogate 1958 erneut die Frage nach der Größe der Struktur der britischen Baumwollindustrie aufwarf[36], konnte dies nach den Erfahrungen der vergangenen dreißig Jahre nur das Präludium für den Staatseingriff bedeuten. In der Tat wurde auf dieser Konferenz der Anstoß zu dem späteren Reorganisationsplan in die Öffentlichkeit gebracht. Der Premierminister, der auf dieser Konferenz die Schlußansprache hielt, erklärte in privatem Gespräch, daß die Regierung einen von der Industrie ausgearbeiteten Plan zur Reorganisation unterstützen würde. Dieser Vorschlag wurde bereitwillig aufgegriffen. Innerhalb eines halben Jahres wurde ein entsprechender Gesetzentwurf im Unterhaus eingebracht.

---

[35] So etwa die Fine Spinners & Doublers Ltd., die von dem oben zitierten Mr. *Winterbottom* geleitet wird. Neuerdings ist der Öffentlichkeit das Übernahmeangebot bekannt geworden, daß die English Sewing Cotton Company der Textilfirma Tootal gemacht hat. Das Angebot ist insofern nicht uninteressant, als die damit verbundenen finanziellen Abmachungen den beiden großen englischen Chemiekonzernen eine Sperrminorität bei der neuen Gesellschaft einräumen können. Im übrigen sollte man aber das Vordringen der Integration, das sich in einem derartigen Vorgang ausdrückt, nicht überschätzen.

[36] Vgl. Cotton Board Conference, Harrogate 1958, p. 13/14.

2. Wirtschaftliche Lage

Die wirtschaftliche Lage der britischen Baumwollindustrie war zu diesem Zeitpunkt schon wesentlich schlechter als es der Working Party Committee Report in seinen Reorganisationsvorstellungen zugrunde gelegt hatte. 1946 hatte man angenommen, daß die Industrie mit einer Gesamtnachfrage in Höhe von 1180 Mill. Pfund Garn würde rechnen können, von denen 700 Mill. Pfund für den Binnenmarkt, der Rest für den Export bestimmt waren[37]. Man nahm an, daß der Anteil Englands am Welthandel in Baumwollwaren im wesentlichen unverändert bleiben würde, und glaubte auch nicht, daß der englische Binnenmarkt durch Einfuhren in größerem Maße bedroht werden würde. Die unmittelbare Nachkriegszeit bis zum Beginn der fünfziger Jahre war von einer lebhaften Nachfrage nach britischen Baumwollwaren bestimmt, und die britische Baumwollindustrie erfüllte in dieser Zeit eine wichtige Funktion als Devisenbringer. So ist es zu erklären, daß man zu verhältnismäßig optimistischen Voraussagen kam und glaubte, daß der Schrumpfungsprozeß im wesentlichen abgeschlossen sei.

Diese Annahmen erwiesen sich als falsch. Zehn Jahre nach dem Working Party Committee Report war die Industrie weit hinter das vorausgeschätzte Niveau zurückgefallen. Die Gesamterzeugung von Garn betrug 863 Mill. Pfund, die Ausfuhr belief sich auf die Hälfte des vorausgeschätzten Umfangs. Verschärft durch eine zyklische Bewegung, die 1952 und 1955 zu zwei Tiefpunkten geführt hatte[38], vollzog sich eine Kontraktion, die weit über das vorgestellte Maß hinausging. Bis zum Beginn der Reorganisation verschlechterte sich die Lage weiter. Die Erzeugung von Baumwollgarn sank 1958/59 auf 594 Mill. Pfund, gegen mehr als 700 Mill. Pfund im Durchschnitt der Jahre 1955/57 und fast 950 Mill. Pfund im Durchschnitt der Jahre 1950/52. 1959 betrug die Gesamterzeugung an Baumwollgewebe etwa die Hälfte dessen, was 1914 allein nach Indien exportiert worden war. Die Zahl der Beschäftigten in der britischen Baumwollindustrie verminderte sich in den fünfziger Jahren um etwa ein Drittel; die Erträge der Unternehmen in der Baumwollindustrie 1959 auf ihren tiefsten Stand seit 20 Jahren gesunken[39]. Mit den Worten von Lord *Rochdale*, dem Chairman des Cotton Board, war das Jahr, das der Reorganisation unmittelbar vorausging, „a year of terrifying diminishing activity for textiles"[40].

Die Preise für Baumwollgarn und Baumwollgewebe tendierten schwach. Auf der Basis von 1954 gleich 100 betrug der Preis für Baum-

---
[37] Vgl. hierzu *Winterbottom*, a. a. O.; *Robson* nahm 1956 einen langfristigen Bedarf von 1100 Mill. Pfund Garn an, wovon 15 % in das Ausland gehen würden; a. a. O., p. 289.
[38] Vgl. hierzu *Furness*, a. a. O., p. 197 ff. und *Robson*, a. a. O., p. 175 ff.
[39] Tattersall's Cotton Trade Review, 65. Folge, 1959, p. 13.
[40] The Cotton Board Conference Harrogate 1958, p. 6.

wollgarn im ersten Vierteljahr 1959 81,4, der für Baumwollgewebe 87,3[41]. Gerade zu diesem Zeitpunkt verbot der Restrictive Practices Court das System der Preisabsprachen, das auf dem Markt für Garn bislang Geltung gehabt hatte, und unterstrich damit auf seine Weise die Dringlichkeit einer Neuordnung, die besser an die wirtschaftlichen Verhältnisse angepaßt war. In Verbindung mit der bestehenden Überkapazität war diese Entscheidung — mit der man sich sonst wohl arrangiert hätte — ein nicht zu übersehendes Warnzeichen[42].

Die Industrie wußte nun, daß der Druck der Überkapazität nicht mehr durch Absprachen kontrolliert werden konnte, deren Wirksamkeit ohnehin beschränkt gewesen war. Solange die Kapazität der submarginal arbeitenden Betriebe nicht beseitigt war, war ein ständiger Druck auf das Preisniveau nicht zu vermeiden. Man ergriff daher die angebotene Gelegenheit, die Überkapazität zu beseitigen, und die erste Phase der Reorganisation wurde durch die noch frische Erinnerung an den Preisverfall zu Beginn des Jahres 1959 unterstützt. Hinzu kam, daß es Ende 1958 zu einem Abkommen mit Hongkong gekommen war, das eine zeitlich begrenzte Einfuhrbeschränkung vorsah. Man wollte und mußte die so gegebene Frist nutzen, um das eigene Haus in Ordnung zu bringen, um nicht weitere Märkte an den internationalen Wettbewerb zu verlieren.

---

[41] Board of Trade, Statistics Division.
[42] „Although it was beginning to be generally recognized by spinners that it is possible to hold margins without a price management scheme, it can not be done against the overshadowing threat that idle machinery may be brought into use as so as margins improve." *Winterbottom* im Geschäftsbericht der Fine Spinners & Doublers Ltd. für das Jahr 1960.

II. Die wirtschaftliche Lage der britischen Baumwollindustrie in der Weltwirtschaft

1. Der ausländische Wettbewerb

Seit der Glanzzeit der britischen Baumwollindustrie vor Ausbruch des ersten Weltkrieges ist ihre wirtschaftliche Lage durch keinen anderen Faktor so entscheidend bestimmt worden wie durch das Auftreten der überseeischen Konkurrenz. Aus einer dominierenden Position wurde sie zunehmend in die Defensive gedrängt; sie verlor nicht nur ausländische Absatzgebiete, sondern wurde auch auf ihrem Binnenmarkt in steigendem Maße bedroht.

Die Frage nach der wirtschaftlichen Lage der britischen Baumwollindustrie ist daher heute im wesentlichen die Frage nach dem Schutz, den sie sich für ihren Binnenmarkt verschaffen kann. *Robson* sah in diesem Punkt die entscheidende wirtschaftspolitische Maßnahme, mit der die Regierung der Baumwollindustrie zu Hilfe kommen konnte[1]. Tatsächlich ist es aber eines der Hauptmotive des Reorganisationsplanes von 1959 gewesen, daß die Regierung glaubte, diesen Weg nicht gehen zu können und dafür die Baumwollindustrie auf andere Art und Weise entschädigen wollte. Sie wollte der Industrie helfen ohne jedoch die Vorstellungen der Industrie, wie diese Hilfe auszusehen habe, zu übernehmen.

Wenn man einmal die anderen Momente vernachlässigt, von denen sich die englische Handelspolitik leiten lassen muß, kann man sagen, daß gegen Ende der fünfziger Jahre tatsächlich eine Alternative zwischen Protektion und Reorganisation bestand[2]. Es wurden im ganzen soviel Baumwollgüter eingeführt wie ausgeführt und die britische Baumwollindustrie war bei einer Kapazität angelangt, die auf diesem Markt ihr Genüge gefunden haben würde, wenn man ihr den status quo garantiert hätte. Etwas vereinfacht ausgedrückt war die Frage die, ob man die Wettbewerbsstellung der britischen Baumwollindustrie dadurch verbessern wollte, daß man die Angebotsbedingungen der ausländischen Konkurrenz verschlechterte, oder dadurch, daß man die Angebotsbedingungen der britischen Industrie verbesserte. Man entschied

---

[1] „The most significant change in government policy would be one affecting the degree of protection afforded to the cotton industry in the home market." *Robson,* a. a. O., p. 291.
[2] Vgl. Fourth Report of the Estimates Committee, a. a. O., Q. 756 und 777.

sich aus politischen Gründen für letzteren Weg, obwohl dieser unsicherer und schwieriger war. Die überragende Bedeutung des Commonwealth machte es der Regierung unmöglich, Lancashire den Schutz zu gewähren, wie ihn etwa die Automobilindustrie genießt, und veranlaßte sie, der Baumwollindustrie den notwendigen Beistand auf andere Weise zuteil werden zu lassen.

Den Höhepunkt ihrer Entwicklung hatte die britische Baumwollindustrie vor dem ersten Weltkrieg erreicht. Mit 61 Mill. Spindeln und 786 000 Webstühlen erzeugte sie fast 2000 Mill. Pfund Garn und 8050 Mill. sq.yds. Gewebe. Sie exportierte etwa ein Zehntel ihrer Garnproduktion und den überwiegenden Teil — 6650 Mill. sq.yds. — ihrer Baumwolltextilien[3]. Der Wert der Ausfuhr von Erzeugnissen der britischen Baumwollindustrie stellte in den Jahren vor dem ersten Weltkrieg mehr als ein Viertel der gesamten Ausfuhr des Vereinigten Königreichs dar.

Schon vor dem zweiten Weltkrieg hatte sich das Bild wesentlich verändert. Die Zahl der Spindeln war auf 41 Mill. zurückgegangen[4], die Zahl der Webstühle auf 505 000[5]. Die Garnerzeugung war von fast 2000 Mill. Pfund auf knapp 1400 Mill. Pfund gesunken, die Erzeugung von Gewebe betrug noch 3670 Mill. sq.yds[6]. Die Ausfuhr von Garn betrug noch 159 Mill. Pfund, die an Geweben war auf knapp 1800 Mill. sq.yds. zurückgegangen. Der Anteil der Baumwollwaren an der Gesamtausfuhr betrug wertmäßig nur noch ein knappes Sechstel, obschon die Weltwirtschaftskrise den Wert der Gesamtausfuhr stark vermindert hatte. Jetzt zeigte sich auch das Auftreten neuer, großer Produzenten auf dem Weltmarkt. Während England sich in stark rückläufiger Bewegung befand, dehnten Indien und Japan ihre Erzeugung und ihre Ausfuhr stark aus[7].

Nach dem zweiten Weltkrieg gab es zunächst einen kleinen Aufschwung, der auf die aufgestaute Nachfrage zurückzuführen war, und fünf Jahre lang dauerte. Dann zeigte es sich von neuem, daß der Weltmarkt von den asiatischen Niedrigpreisländern beherrscht wurde, und daß die englische Industrie weiter an Boden verlor. 1956 belief sich die

---
[3] Vgl. hierzu *Winterbottom*, a. a. O., p. 15, *Robson*, a. a. O., p. 333 und 358. W. T. *Kroese*, The Cotton Industry of Western Europe in a changing world, Paper presented at the International Cotton Conference in Venice 1957, p. 151, und *Papke*, a. a. O., die eine weitreichende Aufgliederung der weltwirtschaftlichen Verflechtungen der britischen Baumwollindustrie gibt, die wir vernachlässigen müssen.
[4] Nach *Robson*, a. a. O., p. 344.
[5] Angaben für 1936 nach *Kroese*, a. a. O., p. 154 : 484 000 normale Webstühle und 20 800 automatische.
[6] Nach *Robson*, a. a. O., p. 345 und 358.
[7] Auch die USA erhöhen nach dem ersten Weltkrieg kräftig ihre Produktionskapazität, haben aber keinen entsprechenden Exportzuwachs zu verzeichnen.

Produktionskapazität des Vereinigten Königreichs noch auf 29 Mill. Spindeln[8] und knapp 317 000 Webstühle, davon 46 400 automatische. Die Erzeugung betrug 877 Mill. Pfund Garn und 1870 Mill. sq.yds. Gewebe[9]. Die Ausfuhr war gesunken auf 35,6 Mill. Pfund Garn bzw. 555 Mill. sq.yds. Gewebe[10].

In den zwanzig Jahren vor 1956 hat sich demgegenüber die englische Einfuhr von Baumwollgarnen mehr als verfünffacht, die von Geweben mehr als versechsfacht[11]. In diesen Ziffern drückt sich die ganze Schwierigkeit der britischen Baumwollindustrie aus, die sich durch diese Entwicklung vor die Frage gestellt sah, ob sie dann überhaupt noch eine Existenzgrundlage hatte.

Die Annahmen, auf die man sich noch nach dem zweiten Weltkrieg verlassen zu können glaubte, hatten sich nicht bewahrheitet und gegen Ende der fünfziger Jahre standen in England einem beständigen Sinken von Erzeugung, Ausfuhr und Kapazität ein ebenso ständiges Ansteigen der Einfuhr aus Japan, Pakistan, Hongkong und Indien gegenüber[12]. Mit dem Jahre 1959 verwandelt sich Englands Ausfuhrüberschuß von Baumwollprodukten in einen Einfuhrüberschuß[13]. Das war ein Zeichen, das nicht übersehen werden konnte und auch heute noch weitgehend den Erfolg des Reorganisationsplans bestimmt: „By far the most serious problem facing the U. K. Cotton Industry is that of imports from low-wage countries"[14].

Unter den Bedingungen, wie sie sich gegen Ende der fünfziger Jahre ergeben hatten, war die Inangriffnahme der Neuordnung der britischen Baumwollindustrie ein Wagnis, dessen Erfolg ständig durch eine weitere Verschlechterung der weltwirtschaftlichen Stellung der britischen Baumwollindustrie in Frage gestellt werden konnte. Wahrscheinlich

---

[8] Umgerechnet auf Mule-Äquivalent nach *Kroese*, a. a. O., p. 151.
[9] Für 1955 nach *Robson*, a. a. O., p. 345 und 346.
[10] Nach *Robson*, a. a. O., p. 333 und 358.
[11] The Cotton Board, Quarterly Statistical Review No. 63, Dec. 1961, p. 12.
[12] Zur Entwicklung der Textilindustrie in diesen Ländern vgl. *Kroese*, a. a. O., p. 113 ff., *Robson*, a. a. O., p. 265 ff., und Cotton and Allied Textile Industries. Hrsg. von der International Federation of Cotton and Allied Textile Industries 1960, p. 52 ff. und 1962, p. 9 und 20 ff.

[13]

Garn: Vierteljahresdurchschnitte in Mill. Pfund

	1937	1956	1957	1958	1959[b)]	1960[b)]
Ausfuhr	39,8[a)]	9,0	9,4	6,7	5,7	5,3
Einfuhr	0,8	4,2	3,7	3,6	5,4	9,7
Baumwollgewebe: Vierteljahresdurchschnitte in Mill. sq. yds.						
Ausfuhr	480,5[a)]	118,5	113,9	96,0	86,9	81,8
Einfuhr	12,6	76,4	104,1	96,7	134,3	181,9

Quelle: The Cotton Board, Quarterly Statistical Review No. 63, Dec. 61, p. 11 und 12.
a) Berechnet nach *Robson*, a. a. O., p. 345 und 346 — b) Änderung in der Klassifikation daher nicht ganz vergleichbar.

[14] Lord *Rochdale*, The Cotton Industry Today, Manchester 1961, p. 4.

war es so, daß eine wirkliche Alternative zwischen Reorganisation und Protektion schon zu diesem Zeitpunkt gar nicht mehr bestand, sondern daß eine wirksame Neuordnung nur dann durchgeführt werden konnte, wenn nach außen ein wirksamer Schutz gewährt wurde.

Neuordnung setzt Vertrauen in die Zukunft voraus, weil sie in keinem Fall die Industrie von heute auf morgen wettbewerbsfähig machen kann. Es ist daher ein großer Unterschied, ob dieses Vertrauen in der Industrie noch vorhanden ist, oder ob es darauf ankommt, dies neu aufzubauen. In dem einen Fall handelt es sich darum, Mittel, in dem anderen Erträge zur Verfügung zu stellen. Die Wirtschaftspolitik ist — auch als „freiheitliche" — frei zwischen beiden Wegen zu wählen, sie muß aber die Grenzen kennen, die bei beiden auftreten: auf dem einen kann sie vielleicht nichts erreichen, weil kein Vertrauen mehr vorhanden ist, auf dem anderen kann sie das vorhandene Vertrauen in die eigene Kraft einschläfern und schließlich überflüssig machen.

2. Schutzmaßnahmen

Unsere Fragestellung verbietet uns, hier auf Einzelheiten der britischen Handelspolitik näher einzugehen. Aber es ist doch nötig, wenigstens die Grundzüge der Abkommen darzustellen, die in den letzten Jahren zum Schutz der britischen Baumwollindustrie abgeschlossen worden sind[15]. Da das Hauptproblem hier die Commonwealth-Länder darstellen, gehen wir vornehmlich auf diese ein.

Im Ottawa-Abkommen von 1931 war festgelegt worden, daß die Mitglieder des Empire ihre Erzeugnisse mit wenigen Ausnahmen zollfrei nach England exportieren durften. Sie standen dafür gewisse Zollermäßigungen für britische Industriewaren zu[16]. Diese Abkommen,

---

[15] Wir vernachlässigen hier auch die grundsätzlichere Frage, inwieweit heute überhaupt noch das aus dem 18. und 19. Jahrhundert überkommene Konzept des freien Austausches von Waren und Dienstleistungen Grundlage für eine realistische Handelspolitik sein kann. Sicher sind in der Gegenwart wesentlich mehr Faktoren zu berücksichtigen als sie in der Freihandelstheorie traditionell vorausgesetzt werden, auch dann, wenn man die Keynesianische Variante mit einbezieht. Vgl. hierzu R. *Harrod*, The Economic Outlook, Cotton Board Conference, Harrogate 1961, Mario *Ludwig*, Aspects of International Textile Competition, in: Cotton and Allied Textile Industries, 1961, ders. Textile Marketing in World Trade, Manchester 1962, und A. *Predöhl*, Bedeutungswandel des Freihandels, Kyklos, Vol. XV, 1962, ders., Das Ende der Weltwirtschaftskrise, Hamburg 1962, S. 70/71.

[16] Der Freihandel ist also im britischen Empire gewissermaßen als Einbahnstraße angelegt. Daß etwa Indien den Import der Textilien kontrolliert, wird als selbstverständlich angesehen. So erklärte der Präsident des Board of Trade am 21. 12. 61 im Unterhaus: „It is no good bemoaning the loss of that market. India will maintain her import controls as long as she has to do so." Hansard Vol. 651, No. 38, Sp. 1646. „When I think of how India, for example altered the treaties of 1939, I realise that other Commonwealth countries do not regard the position as so immutable as we do." The Member of

die vor dreißig Jahren in einer ganz bestimmten wirtschaftlichen und politischen Konstellation abgeschlossen wurden, haben in der Folgezeit, insbesondere für die britische Baumwollindustrie, eine große Bedeutung erlangt.

Der Industrialisierungsprozeß eines Entwicklungslandes beginnt häufig mit der Textilindustrie. Sie hat aus verschiedenen Gründen, die wir hier nicht erörtern können, oft eine strategische Bedeutung für die weitere Entwicklung[17]. Das bedeutet, daß diese Industrie in einem Zeitpunkt anzubieten beginnt, in dem die Arbeitskosten in den betreffenden Lande noch verhältnismäßig niedrig sind, da die Nachfrage nach Arbeit sonst noch begrenzt ist. Die Entwicklungsländer sind keine Vollbeschäftigungsländer; der Arbeitsmarkt steht hier beständig unter dem Druck eines Überangebotes an Arbeitskraft. Die Arbeitszeit in Honkong beträgt 12 Stunden pro Tag, 7 Tage in der Woche mit 4 Feiertagen im Jahr[18]. Niedrige Arbeitskosten bedeuten nicht immer, aber doch oft, einen Wettbewerbsvorteil. Dies ist insbesondere dann der Fall, wenn der technische Fortschritt verhältnismäßig langsam ist, weil dadurch auch eine vergleichsweise unausgebildete Arbeiterschaft in die Lage versetzt wird, sich an einen bestimmten Apparat zu gewöhnen und zuverlässig mit ihm umzugehen. Dies war in der Textilindustrie während des ersten Drittels unseres Jahrhunderts der Fall mit dem Ergebnis, daß die niedrigen Lohnkosten tatsächlich zu einem wesentlichen Wettbewerbsvorteil für die asiatischen Mitgliedsländer des Commonwealth wurden.

Die zunehmende Bedrohung der britischen Baumwollindustrie durch die Ausfuhren dieser Länder, gegen die man sich nicht mit den üblichen Mitteln der Handelspolitik zur Wehr setzen konnte, wurde anerkannt in der Montreal-Erklärung von 1958. Hier wurde zwar die Notwendigkeit, die Entwicklungsländer zu unterstützen, zugegeben, zugleich aber festgesetzt, daß dort, wo ernsthafte Schwierigkeiten auftreten sollten, ein Abkommen zwischen den beteiligten Industrien anzustreben sei, das geordnete Marktverhältnisse gewährleiste.

Cheadle, Mr. *Shepherd* im Unterhaus, Hansard Vol. 607, No. 131, 23. 6. 59, Sp. 1116.

[17] Vgl. hierzu A. O. *Hirschman*, The Strategy of Economic Development. New Haven, 1958 und Mario *Ludwig*, Der Vorschlag einer internationalen Marktordnung für Baumwolltextilien, Außenwirtschaft Heft 1, 1962. Einen extremen Fall stellt Hongkong dar. „Before 1951 there was no Hong Kong cotton industry. It was created for the first time in 1951, not for the purpose of Commonwealth development, but for partly philantropic and partly political reasons connected with refugees from China. Between 1951 and 1958 the Hong Kong cotton industry grew very rapidly. By 1957 cotton provided about 60 or 70 — I am not sure that it was not 80 — per cent. of all exports from Hong Kong. Those extile exports from Hong Kong provided 20 per cent, of all the cotton imports into this country in seven years." Hansard Vol. 607, No. 131, 23. 6. 59, Sp. 1128.

[18] Hansard Vol. 652, No. 39, 23. 1. 62, Sp. 164.

2. Schutzmaßnahmen

Diese Möglichkeit wurde von der britischen Baumwollindustrie sogleich aufgegriffen, um zu freiwilligen Abkommen mit Honkong, Indien und Pakistan zu kommen. Die Verhandlungen zogen sich über mehrere Monate hin und wurden von beiden Seiten hart geführt, da wichtige Interessen im Spiele waren[19]. Der Premierminister mußte selbst eingreifen, um einen Abschluß herbeizuführen. Schließlich willigten die drei Länder ein, ihre Textilausfuhren nach England einer freiwilligen Beschränkung zu unterwerfen. Das Abkommen mit Hongkong wurde im Februar 1959 geschlossen und lief bis Ende 1961; die Abkommen mit Indien und Pakistan wurden im September 1959 geschlossen und liefen bis Ende 1962 unter der Bedingung, daß das Hongkong-Abkommen entsprechend verlängert werden konnte. Man kann nicht sagen, daß sich in diesen Verhandlungen das in Montreal entworfene Konzept einer freiwilligen Einigung auf Industrieebene bewährt hat[20]. Dieses Konzept wurde geschaffen, um den wirtschaftlichen Zusammenhalt des Commonwealth formell zu wahren, in der Hoffnung, daß sich die Interessengegensätze auf Industrieebene ausgleichen lassen würden. Faktisch wären die Abkommen aber wohl kaum ohne die Pression zustande gekommen, die die Londoner Regierung nach beiden Seiten ausübte[21]. Größere Marktstörungen deuten auf massive Interessengegensätze hin, und diese lassen sich schwer aushandeln: über sie muß entweder durch eine höhere Instanz oder durch Gewalt entschieden werden. Die Vorstellung einer freiwilligen Einigung ist in derartigen Fällen weitgehend eine Fiktion, die das Mißvergnügen darüber nur vermehrt, daß man sich einigen muß[22].

Keine geringe Schwierigkeit lag bei diesen Verhandlungen darin, daß Hongkong — für das als britische Kolonie die britische Regierung eine besondere Verantwortung trug — einerseits und Indien und Pakistan andererseits eifersüchtig das Maß ihrer Selbstbeschränkung miteinander verglichen. Das Bestehen einer nicht zu groß bemessenen Hongkong-Quota war für Indien und Pakistan Voraussetzung des Vertragsabschlusses und für dessen Fortbestehen im Jahre 1962. Hätte das Abkommen mit Hongkong nicht verlängert werden können, so wären auch die Abkommen mit Indien und Pakistan hinfällig geworden. Als Ende 1961 über eine Verlängerung des Hongkong-Abkommens verhan-

---

[19] Vgl. die Ausführungen von Premierminister *MacMillan* und Lord *Rochdale* auf der Cotton Board Conference Harrogate 1958.

[20] „I have become increasingly convinced that this was a problem that could and should only be handled by the Government." Lord *Rochdale*, Harrogate 1962, p. 55.

[21] Fourth Report of the Estimates Committee, a. a. O., p. 129.

[22] In Parenthese sei hier nur beigefügt, daß die Tarifautonomie der Sozialpartner auf der Tatsache beruht, daß kein massiver Interessengegensatz vorliegt, solange man sich immer auf Kosten eines Dritten einigen kann.

delt werden mußte, wurden daher ipso facto auch Verhandlungen mit Indien und Pakistan fällig, die wiederum sehr zähflüssig geführt wurden: „quite the most frustrating experience since I have been Chairman", wie es Lord *Rochdale* sagte[23]. Das Ergebnis war, daß die Einfuhrquoten aller drei Länder erhöht werden mußten: für Hongkong von 164 auf 185 Mill. sq.yds., für Indien von 175 auf 195 Mill. sq.yds., für Pakistan von 38 auf 42 Mill. sq.yds.[24].

Faktisch wurden damit Indien, Pakistan und Hongkong 85 % der Baumwolltextileinfuhren garantiert, die im britischen Markt bleiben[25].

Neben den Commonwealth-Ländern sind hauptsächlich Japan und China als Herkunftsländer von Halbfertigwaren von Bedeutung. Ihre Lieferungen werden scharf kontingentiert[26]. Mit der spanischen Textilindustrie, die in der jüngsten Vergangenheit stark in den Vordergrund getreten war, konnte der Cotton Board ein Abkommen schließen, demzufolge die Ausfuhren von Baumwolltextilien und Garn auf 70 % des Niveaus von 1960 beschränkt wurden[27]. Im übrigen gelten für Länder, die nicht Mitglied des Commonwealth sind, Zölle, die je nach Art der betreffenden Ware verschieden hoch sind. Der gebräuchliche Satz beträgt 17,5 %, der höchste 25 %[28].

Das Ergebnis dieser handelspolitischen Maßnahmen besteht darin, daß England einen sehr großen Teil seines Bedarfs an Baumwolltextilien importiert. 1960 betrug die Einfuhr 27 % des Binnenverbrauchs[29]. Für 1961 lag der Satz noch wesentlich höher[30]. Die vergleichsweisen Einfuhrquoten lauten für Kanada 15, für die USA 6 und für die EWG-Länder 2,5 %. Diese Zahlen zeigen, daß England bei dieser Form der „Entwicklungshilfe" eine unverhältnismäßig schwere Last trägt und die englische Regierung hat daher bei den Verhandlungen des GATT in Genf darauf bestanden, daß wenigstens für eine Übergangszeit eine weitere Verschlechterung seiner Position verhindert wird.

---

[23] The Cotton Board Conference, Harrogate 1961, p. 7; vgl. auch den Monthly Record der Manchester Chamber of Commerce Vol. LXXII No. 7, p. 217.

[24] International Review of Cotton and Allied Textile Industries, Dec. 1961, p. 253. Dort findet der Leser auch techn. Einzelheiten zu den supplementary quotas, licensing agreements u. d. target share, auf die wir hier nicht eingehen können.

[25] Vgl. *Tattersall's* Cotton Trade Review No. 761, 1961.

[26] Vgl. Board of Trade, Tariff and Import Policy Division, Notice to Importers No. 992 und 993.

[27] Vgl. *Tattersall's* Cotton Trade Review No. 761, 1961.

[28] Vgl. Sec. XI, Kap. 55 und 56 des englischen Zollverzeichnisses vom 1. 3. 1962.

[29] Lord *Rochdale*, The Cotton Industry Today, Manchester 1961, p. 6.

[30] Hansard Vol. 652, No. 39, 23. 1. 1962, p. 166, und Fourth Report of the Estimates Committee, a. a. O., Q. 417, 811.

2. Schutzmaßnahmen

Im Juli 1960 hatten die Mitgliedstaaten des GATT offiziell erklärt, daß die Lage auf dem internationalen Textilmarkt gestört sei[31]. Im Mai 1961 forderte Präsident *Kennedy* die wichtigsten Textilausfuhrländer und -einfuhrländer zu einer Zusammenkunft auf, um weiteren Schaden zu verhüten[32]. Im Juli verabredete man in Genf zunächst ein Stillhalteabkommen für die Importe. Während des Moratoriums, das bis zum 1. 10. 1962 befristet war, ist kein Textileinfuhrland verpflichtet, mehr Baumwolltextilien zu importieren als in dem Jahr, das am 30. 6. 1961 endete. Ferner errichtete man beim GATT ein besonderes Komitee, das die Aufgabe zugewiesen bekam, eine langfristige Lösung auszuarbeiten.

Dieses Komitee nahm seine Arbeit im Oktober 1961 auf. Die englische Regierung ging bei den Verhandlungen, die so eingeleitet wurden, davon aus, daß eine Lösung für das hier vorliegende Problem nur auf breiter internationaler Basis gefunden werden könnte. Sie brachte zu diesem Zweck zwei Empfehlungen vor[33]: Einmal sollte erklärt werden, daß England eine unverhältnismäßig große Last zu tragen habe und daß seine Einfuhren von Baumwolltextilien in dem Maße eingeschränkt werden sollten, in dem sich für die Ausfuhrländer andere Absatzmärkte öffnen. Zum anderen sollte versucht werden, bis zum Jahre 1970 ein Übereinkommen innerhalb der westlichen Industrieländer zu erzielen, nach dem jedes dieser Länder wenigstens 10 aber nicht mehr als 20 % seines Bedarfs an Baumwolltextilien von Niedriglohnländern importiert.

Das Abkommen, das im Februar 1962 in Genf erzielt wurde, folgt dieser Grundidee[34]. Die unverhältnismäßige Belastung Englands wurde anerkannt und das schon bestehende Einfuhrmoratorium für weitere fünf Jahre verlängert. Gleichzeitig verpflichteten sich die Länder, die bisher relativ wenig importiert hatten — namentlich die Länder der EWG — ihre Einfuhrquoten zu erhöhen. Damit scheint zunächst die Unsicherheit, in der sich die britische Baumwollindustrie befand, beseitigt zu sein, obwohl ein derartiges Abkommen natürlich so viele Aspekte hat, daß seine faktische Auswirkung noch nicht genau abgeschätzt werden kann. Insbesondere darf nicht übersehen werden, daß der status quo, der so stabilisiert wurde, für die britische Baumwollindustrie kaum befriedigend ist, und daß die Drohung der Niedrig-

---

[31] Vgl. *Ludwig*, Textile Marketing, a. a. O., p. 3, und ders., Der Vorschlag einer internationalen Marktordnung für Baumwolltextilien, a. a. O.
[32] Der Text der Erklärung des Präsidenten ist abgedruckt in Cotton and Allied Textile Industries, hrsg. von der International Federation of Cotton and Allied Textile Industries 1961, p. 84 ff.
[33] Vgl. hierzu Lord *Rochdale* auf der Konferenz des Cotton Board, Harrogate 1961, p. 11.
[34] Vgl. Financial Times vom 17. und 19. 2. 1962 und Harrogate Conference 1962, p. 56.

preisländer ständig im Hintergrund langfristiger Planungen bleibt. Mario *Ludwig*[35] hat mit Recht darauf hingewiesen, daß es sich hier nicht nur um ein Problem der Einfuhrmengen, sondern auch der Einfuhrpreise handelt. Solange zu den asiatischen Ländern ein wesentlicher Preisunterschied besteht, wird auch eine Stabilisierung der Einfuhren auf ihrem gegenwärtigen Niveau — d. h. etwa einem Drittel der Inlandsnachfrage[36] — eine zu große Last für die britische Baumwollindustrie bedeuten[37].

---

[35] Textile Marketing in World Trade, 1962.
[36] Vgl. Fourth Report of the Estimates Committee, a. a. O., Q. 811, 417.
[37] Vgl. Fourth Report of the Estamates Committee, a. a. O., Q. 472.

III. Der Reorganisationsplan

1. Der Cotton Board

Nachdem wir die Umwelt, in der die Neuordnung der britischen Baumwollindustrie angesetzt wurde, in ihren Grundzügen beschrieben haben, wollen wir uns nun dieser selbst zuwenden. Zuvor ist es jedoch nötig, einen Blick auf den Cotton Board zu werfen, der uns schon begegnet ist und noch begegnen wird[1]. Wir erwähnten schon, daß die Bemühungen, die britische Baumwollindustrie zu reorganisieren, auf die Zeit nach dem ersten Weltkrieg zurückgehen. Etwas später, zu Beginn der dreißiger Jahre, tauchte zum ersten Male die Idee eines Cotton Industry Board auf, der die Wirtschaftspolitik der Regierung hinsichtlich der Baumwollindustrie koordineren sollte. Der Cotton Industry Board sollte die Verbindung sein zwischen der Gesamtheit der britischen Baumwollindustrie und dem Board of Trade in London. Das Parlament erließ im März 1940 den Cotton Industry Act, aber die damals herrschenden Bedingungen gaben dem Cotton Board, der so errichtet wurde, eine andere Tendenz. Seine gegenwärtige Gestalt erhielt der Cotton Board durch den Industrial Organization and Development Act von 1947 und der auf Grund dieses Gesetzes erlassenen Cotton Industry Development Council Order von 1948[2].

In der genannten Verordnung[3] wurde der Cotton Board errichtet und wurden ihm eine Reihe von Aufgaben übertragen[4]. Der allgemeine Begriff dieser Aufgaben ist gegeben in 1(2) der genannten Verordnung: „The Board shall exercise their functions in such manner as appears to them to increase efficiency and productivity in the industry as much as possible, to improve and develop the service that it renders to the community and to enable it to render that service more economically and shall have regard to anything being done by any Government De-

---

[1] Auf die sonst noch in der britischen Baumwollindustrie bestehenden Organisationen können wir hier nicht eingehen. Eine Übersicht bringen Clegg und Hartwell in ihrem Aufsatz: The Organization of the Cotton Industry, The Cotton Board Conference Harrogate 1959, p. 18 ff. Ihr Einfluß in der Neuordnung war nicht groß. Vgl. Fourth Report of the Estimates Committee, a. a. O., Q. 161 und 162. Zum Cotton Board vgl. auch Robson, a. a. O., p. 214 ff.

[2] So heißt es im Cotton Industry Act 1959 unter 1 (11): In this Act the „Cotton Board" means the Development council of that name established under the Industrial Organization and Development Act 1947.

[3] 1948, No. 629 Industrial Organization and Development. The Cotton Industry Development Council Order, 1948.

[4] Im einzelnen genannt in der Second Schedule zu dieser Verordnung.

partment or other body with a view to avoiding a duplication of work[5]." Die Verordnung setzte ferner fest, daß jedermann, der innerhalb der britischen Baumwollindustrie[6] ein Geschäft betrieb, beim Cotton Board registriert sein mußte, daß der Cotton Board berechtigt war, bestimmte Informationen einzuholen und seine Tätigkeit durch Umlagen innerhalb der Industrie zu finanzieren.

Die Mitglieder des Cotton Board — vier Vertreter der Arbeitgeberseite, vier Vertreter der Arbeitnehmerseite und drei Unabhängige — werden vom Präsidenten des Board of Trade ernannt, der die entsprechenden in der Industrie bestehenden Organisationen befragt, ehe er seine Entscheidung trifft. Die Mitglieder des Board werden mit Ausnahme der drei Unabhängigen aus dem Kreis der Industrie gewählt und erhalten für ihre Tätigkeit keine Bezahlung. Der Cotton Board ist, obwohl er durch Gesetz errichtet wurde, keine Dienststelle der Regierung. Für die Durchführung der Reorganisation der britischen Baumwollindustrie war sein Bestehen eine wesentliche Voraussetzung.

2. Beginn der Neuordnung

Der Zeitpunkt, an dem die Neuordnung, die schon in den vergangenen 30 Jahren immer wieder ventiliert worden war, ernsthaft in Angriff genommen wurde, ist durch verschiedene Faktoren bestimmt worden. In Europa hatte sich eine neue handelspolitische Orientierung durchgesetzt, die über kurz oder lang auch die britische Baumwollindustrie vor eine neue Wettbewerbslage stellen mußte. Es war vorauszusehen, daß der Restrictive Practices Court das Garnpreisabkommen nicht billigen und daher der Druck der Überkapazität noch spürbarer werden würde. Die allgemeine Entwicklung in den Industriestaaten ließ für die Zukunft eine gesteigerte Nachfrage nach hochwertigen Baumwollwaren erwarten, von der die britische Industrie zu profitieren gedachte. Schließlich aber hatte sich die Belastung der britischen Baumwollindustrie durch Einfuhren aus dem Commonwealth als immer drückender herausgestellt. Während der Verhandlungen mit Hongkong, die in der zweiten Jahreshälfte 1958 geführt wurden, kamen Regierung und Industrie daher zu der Überzeugung, daß, wenn ein Abkommen erreicht war, keine Zeit verloren werden sollte, um die Frist für eine drastische Reorganisation zu nutzen[7].

---

[5] In einigen Einzelheiten wurde diese Verordnung ergänzt durch die Verordnung 1951, No. 2173, Industrial Organization and Development. The Cotton Industry Development Council (Amendment) Order, 1951.
[6] Definiert in der First Schedule zu der genannten Verordnung. Neuerdings gilt dies auch für die Chemiefaser Cotton Industry Development Council (Amendment No. 4) Order 1961.
[7] Vgl. Hansard Vol. 607, No. 131, 23. 6. 1959, Sp. 1152/53, und Board of Trade, Reorganization of the Cotton Industry Cmnd. 744 London 1959 § 9.

2. Beginn der Neuordnung

Am 23. 4. 1959 machte die Regierung ihre Absicht bekannt, daß sie zu diesem Zweck ein Gesetz vorlegen wollte, das die Verwendung beträchtlichter öffentlicher Mittel für diese Reorganisation vorsah. „The Government", sagte der Earl of *Dundee* im Oberhaus[8], „has no doubt that the circumstances of the cotton industry ... justify the exceptional course of direct financial assistance from public funds." Insgesamt wurden für diesen Zweck 30 Mill. Pfund für einen Zeitraum von 5 Jahren veranschlagt[9].

Die allgemeine Philosophie, die hinter dieser Entscheidung stand, war die — vom Manchester Liberalismus des vorigen Jahrhunderts weit entfernte — Überzeugung, daß es die Aufgabe des modernen Staates sei, für die wirtschaftliche Prosperität seiner Angehörigen zu sorgen. „I do not think there is any disagreement that the object of any British Government in modern conditions must be to promote full business activity and full employment[10]." Natürlich wird eine Regierung sich in ihrem Handeln nicht allein durch eine derartig allgemeine Überzeugung leiten lassen können[11]. Aber die Baumwollindustrie konnte geltend machen, daß sie durch die Commonwealth-Verträge unverhältnismäßig benachteiligt worden war, und daß sie daher einen Ausgleich beanspruchen könnte, ohne daß dieser einen Präzedenzfall für andere Industrien darstellen würde. Die Industrie hatte für das Commonwealth Opfer gebracht. Sie war wirtschaftlich im Vergleich zu anderen Industriezweigen benachteiligt worden; sie stand jetzt bei den eintretenden ökonomischen und technischen Veränderungen in Gefahr, gänzlich den Anschluß zu verlieren. In dieser Lage erschien der Staatseingriff, sowohl im Hinblick auf die besonderen Lasten der Vergangenheit als auch auf die besonderen Anforderungen der Zukunft, gerechtfertigt.

Die Reorganisation der britischen Baumwollindustrie von 1959 war eine einschneidende Operation, mit der die langsame und destruktive Wirkung der Marktkräfte übersprungen und für die weitere Entwicklung eine neue und bessere Ausgangslage erreicht werden sollte. Eine derartige Reorganisation ist ein Vorgang, in dem sich die Marktchancen der einzelnen Firmen stark verändern können und der dementsprechend in die Erwartungen der einzelnen Unternehmen eine gewisse Unsicherheit bringt. Aus diesem Grunde konnte, wie schon oben erwähnt, die britische Baumwollindustrie die Hilfe des Gesetzgebers

---

[8] Hansard Vol. 215, No. 65, 23. 4. 1959, Sp. 936.
[9] Der Gesamtbetrag, der für landwirtschaftliche und andere Subventionen für ein Jahr im britischen Haushalt bewilligt wurde, beträgt 260 Mill. Pfund. Vgl. Hansard Vol. 217, No. 92, 30. 6. 1959, Sp. 465.
[10] R. *Maudling*, Opening Adress, The Cotton Board Conference, Harrogate 1960, p. 5.
[11] Vgl. Board of Trade Cmnd. 744 § 17: „The Government did not reach their decision to single out the cotton industry for exceptional help without much thought."

kaum entbehren. Eine derartige Neuordnung muß ferner auf lange Sicht und ohne Rücksicht auf momentane Marktverhältnisse, die unter einzelwirtschaftlichen Gesichtspunkten leicht dominant werden, ausgearbeitet werden. Es muß ferner dafür gesorgt werden, daß der Spielraum einer möglichen Spekulation, die durch sie ausgelöst wird, möglichst eingeengt wird. Man kennt ähnliche Probleme aus Kartellverhandlungen, wenn Quoten festgesetzt oder Merkmale festgelegt werden sollen, nach denen Entschädigungen gezahlt werden. Derartige Abmachungen müssen vorher durch vertrauliche Expertengespräche geklärt werden. Die Veröffentlichung und das Wirksamwerden fallen hier zweckmäßigerweise zusammen.

Als die britische Regierung daher ihre Absicht bekanntgab, einen derartigen Plan durchzuführen, wurde der Tag dieser Bekanntgabe zum Stichtag für die Art der zu zahlenden Prämien festgesetzt. Der Stichtag für den Cotton Industry Act 1959[12] war daher nicht der 9. 7. 1959, der Tag seiner Verabschiedung, sondern der 23. 4. 1959, der Tag der Bekanntgabe durch die Regierung. Daraus ergab sich eine gewisse Komplikation, die bei einer unsicheren Regierungsmehrheit gefährliche Folgen hätte haben können[13]. Die Verwaltung war sich in der Tat ihrer Sache so sicher, daß sie mit einer recht mageren Erklärung an die Öffentlichkeit trat in der Erwartung, die Gesetzesvorlage ohne Anstand genehmigt zu sehen. Es erwies sich aber, daß das Informationsbedürfnis der Parlamentsmitglieder in dieser Weise stark unterschätzt worden war. „I wonder whether we might not ask the President of the Board of Trade if he does not think it is worth while producing a White Paper, giving us some detailed information before we come to discuss it[14]."

Die Regierung sah sich daher genötigt, noch kurzfristig ein Weißbuch zur wirtschaftlichen Lage der britischen Baumwollindustrie vorzulegen[15]. Hier wurden als Hauptprobleme die Überkapazität, die veraltete Ausrüstung und der weitgehende Vertrauensschwund genannt. Obwohl die Industrie in den vergangenen Jahren einen ausgeprägten

---

[12] An Act to enable schemes made with a view to eleminatig excess capacity in the cotton industry to provide for paying compensation for any such elimination and for raising the sums required for that and other purpose by levies on the industry; to enable the Board of Trade to make contributions towards any such compensation and to purpose connected therewith, 9th July 1959.
[13] If we are not in fact going to have the Bill itself, with the Money Resolution which is necessary, before Whitsuntide, and if people in the industry are already expected to start making some of the changes in respect of which Parliament has not yet given its approval, then a very dangerous situation is being created. *Viscount Alexander* of *Hillsborough* im Oberhaus am 23. 4. 1959, Hansard Vol. 215, No. 65, Sp. 942.
[14] The Earl of *Woolton*, Hansard, a. a. O., Sp. 939.
[15] Das oben zitierte Cmnd. 744.

Schrumpfungsprozeß durchgemacht hatte[16], war die Kapazität immer noch zu groß und stellte eine ständige Bedrohung des Marktes dar. Es gab zu viele Grenzbetriebe, die zu unrentablen Bedingungen verkaufen mußten, wenn sie nicht gänzlich ausscheiden wollten. Und auch die Rentabilität der besser gestellten Betriebe wurde durch die ungenügende Ausnutzung der Kapazität ständig beeinträchtigt. „Weak selling" war eines der Hauptprobleme der britischen Baumwollindustrie und, wie es Lord *Shakleton* im Oberhaus bemerkte, „unfortunately weak sellers do not go out of business[17]." Das erste große Problem, das gelöst werden mußte, war daher die Beseitigung dieser Grenzbetriebe und der in ihnen vorhandenen Überkapazität.

3. Die erste Phase

Die Durchführung der Reorganisation wurde festgelegt im schon zitierten Cotton Industry Act 1959 und den entsprechenden Verordnungen[18]. Ihrer Annahme — auch jede einzelne Verordnung mußte dem Parlament vorgelegt werden — ging eine erbitterte Debatte voraus, auf die wir hier nicht im einzelnen eingehen können. Der Vorwurf der Opposition, es handele sich um „capitalism's confession of failure and breakdown"[19] oder um den Versuch Wählerstimmen zu fangen — ein Ziel, das, wenn es beabsichtigt gewesen war, jedenfalls nicht erreicht wurde[20] — war zu schablonenhaft, um etwas an Einsicht beizusteuern. Im ganzen wird man sich wohl der Ansicht des Mitgliedes für Heywood

---

[16] Die Zahl der Spinnereien sank von 192 in 1954 auf 150 in 1958; die der Spindeln von 32,2 Mill. auf 27,0 Mill.; die Zahl der Webereien sank von 834 in 1954 auf 654 in 1958, die der Webstühle von 371 000 auf 286 000; die Zahl der Veredlungsbetriebe sank von 268 in 1953 auf 245 in 1958, die der Belegschaftsmitglieder von 48 000 auf 42 000. Nach *Robson*, a. a. O., p. 167/168, und International Review of Cotton and Allied Textile Industries, Vol. 30, No. 117, 1962, p. 38.

[17] Hansard Vol. 217, No. 95, 6. 7. 1959, Sp. 744.

[18] Es handelt sich hier um folgende Statutory Instruments: 1959 No. 1324 Cotton Industry. The Cotton Doubling Reorganization Scheme (Confirmation) Order, 1959.
1959 No. 1325 Cotton Industry. The Cotton Spinning Reorganization Scheme (Confirmation) Order 1959.
1959 No. 1326 Cotton Industry. The Cotton Weaving Reorganization Scheme (Confirmation) Order, 1959.
1960 No. 1264 Cotton Industry. The Cotton Finishing (Woven Cloth) Reorganization Scheme (Confirmation) Order, 1960.
1960 No. 1265 Cotton Industry. The Cotton Finishing (Yarn Processing) Reorganization Scheme (Confirmation) Order 1960. Zu allen diesen Verordnungen gibt es eine kurze Ergänzung, Reorganization Scheme No. 2 aus dem Jahre 1961. Vgl. Anm. 54.

[19] Hansard Vol. 607, No. 131, 23. 6. 1959, Sp. 1124.

[20] Hansard Vol. 651, No. 38, 21. 12. 1961, Sp. 1638.

und Royton, Mr. *Leavey,* anschließen, „that this bill is a good compromise as it is to expect[21]."

In dem Gesetz wurde bestimmt, daß der Cotton Board für jede einzelne Sektion der Baumwollindustrie einen Plan (scheme) ausarbeiten sollte mit dem Ziel, die Überkapazität in der betreffenden Abteilung zu beseitigen. Die Verschrottung der Maschinen sollte vom Staat subventioniert werden und zwar dergestalt, daß von den zu leistenden Entschädigungszahlen zwei Drittel vom Staat und ein Drittel von dem betreffenden Industriezweig selbst aufgebracht werden sollten. Zusätzlich hatte die Industrie die Verwaltungskosten der Neuordnung zu tragen. Die genaue Höhe der Entschädigung war durch Verordnung (Reorganization Scheme) im einzelnen zu bestimmen. Jede dieser Verordnungen hatte der Board of Trade dahingehend zu prüfen, ob der Plan für die betreffende Abteilung eine angemessene Herabsetzung der Kapazität vorsah, ob ausreichende Vorkehrungen getroffen worden waren, um die Entschädigung der durch den Plan arbeitslos werdenden Belegschaftsmitglieder zu sichern, und drittens, ob der Plan die Zustimmung der Mehrheit der Beschäftigten finden würde[22]. Sodann mußte jede dieser Verordnungen vom Parlament genehmigt werden, daß sie allerdings nur en bloc annehmen oder ablehnen konnte. Erst dann konnten sie vom Board of Trade bestätigt und somit in Kraft gesetzt werden.

Verantwortlich für die Ausarbeitung dieser Verordnungen — der Reorganization Schemes — war der Cotton Board, der auch für ihre Verwaltung, die Prüfung und Bestätigung der Anträge, die Leistung von Zahlungen, die Erhebung von Umlagen etc. zuständig war. Dies wurde im ersten Abschnitt des Cotton Industry Act festgelegt. Im zweiten Abschnitt des genannten Gesetzes wurde bestimmt, daß für die zweite Phase der Reorganisation der Cotton Board als Agent des Board of Trade handeln sollte. Die Beihilfezahlungen zum Aufbau von neuen Kapazitäten werden im Unterschied zu den Entschädigungszahlungen für die Zerstörung von alten Kapazitäten direkt vom Board of Trade an die Unternehmungen geleistet. Der Cotton Board billigt nur die Anträge im Prinzip und prüft, ob die claims of payment mit den Tatsachen übereinstimmen.

Die verwaltungsmäßige Stellung des Cotton Board war also im Hinblick auf die beiden Phasen der Reorganisation unterschiedlich, was damit begründet wurde, daß im ersten Fall die Industrie selbst ein Drittel der Entschädigungszahlungen aufbringen mußte, während im zweiten Fall der Staat alle Gelder, die zur Beihilfe gegeben wurden, auf-

---

[21] Hansard Vol. 607, No. 131, 23. 6. 1959, Sp. 1132.
[22] Cotton Industry Act, 1 (2) a, b, c.

3. Die erste Phase

brachte[23]. Im ersten Falle handelte es sich um eine Industriegruppe, die saniert werden sollte, im zweiten um einzelne Firmen, die öffentliche Gelder erhielten. Aus diesem Grunde hielt man es nicht für zweckmäßig, daß der Cotton Board die gleiche Selbständigkeit in der Verantwortung habe, deren er sich in der ersten Phase erfreut hatte[24].

Der dritte Abschnitt des Cotton Industry Act legte fest, daß die Funktionen des Cotton Board unter diesem Act von einem neu zu gründenden Special Committee übernommen werden mußten. Der Cotton Board wurde in der Form, in der er bestand, als nicht geeignet angesehen, dieses Gesetz durchzuführen. Da er sich, wie wir sahen, vorwiegend aus Personen rekrutierte, die selbst Interessen in der Industrie hatten, wollte man eine mögliche Konfliktsituation vermeiden. Entsprechend den Vorschriften des Gesetzes wurde daher beim Cotton Board ein Special Committee errichtet, das aus den drei unabhängigen Mitgliedern des Cotton Board und zwei weiteren unabhängigen Mitgliedern bestand, die vom Board of Trade ernannt wurden. Dieses Special Committee trug die eigentliche Verantwortung für die Durchführung der Reorganisation, während die Autorität beim Board of Trade rsp. beim Parlament lag. Es trat am 1. 7. 1959 zum ersten Male zusammen[25].

Von besonderer Bedeutung war, daß unter diesem Special Committee ein ausführendes Organ von entsprechender Kompetenz und Leistungskraft vorhanden war. Innerhalb des Cotton Board konnten die zusätzlichen Verwaltungstätigkeiten nur in beschränktem Umfange durchgeführt werden. Und so griff man zurück auf eine private Wirtschaftsprüferfirma, die Mess. Binder, Hamlyn & Co., bei der sowohl Fachkenntnis als auch Neutralität gewährleistet waren. Mr. *Burney,* der senior partner dieser Firma, der schon den Board of Trade in dieser Frage beraten hatte, wurde am 10. 7. 1959 von dem Special Committee zum Direktor der Reorganization ernannt[26].

---

[23] Fourth Report of the Estimates Committee, a. a. O., Q. 40 und 293.
[24] Vgl. hierzu auch den fünften Abschnitt dieses Kapitels.
[25] Eine Anordnung des Board of Trade vom 31. 8. 1959 legte die Durchführung der Verwaltungsarbeit des Special Committee im Hinblick auf die erforderliche öffentliche Kontrolle fest.
  a) To keep separate accounts;
  b) To have them audited by a nominated firm of accountants in Manchester;
  c) To submit the accounts to the Board of Trade for laying before Parliament;
  d) To make the accounts available for inspection by the Board of Trade and the Comptroller and Auditor General, who has access to the relevant books and accounts of the Cotton Board. Fourth Report of the Estimates Committee, p. 6.
[26] The Cotton Board, Annual Report 1960, p. 27, Weissbuch, Cmnd. 744 § 34. Später wurde er durch Mr. *Thompson* abgelöst. Fourth Report of the Estimates Committee, a. a. O., Q. 151. Für die zweite Phase, die Wiederausrüstung, wurde am 8. 11. 1960 Mr. *Hill* als Direktor ernannt. Forth

Wir haben also folgende Grundstruktur: Der Board of Trade trägt als Regierung die Verantwortung für die Reorganisation vor dem Parlament. Er selbst stützt sich auf den Cotton Board, der den Sachverstand der Baumwollindustrie verkörpert[27]. Innerhalb des Cotton Board wiederum liegt die eigentliche Verantwortung bei dem Special Committee, das für den Zweck der Reorganisation ins Leben gerufen wurde. Das ausführende Organ der Reorganisation ist, sofern nicht Personal des Cotton Board herangezogen werden konnte, die Wirtschaftsprüferfirma Messrs. Binder, Hamlyn & Co., die für ihre Arbeit dem Special Committee verantwortlich ist. Diese Form der Abwicklung hat sich sehr bewährt. Dadurch, daß man darauf verzichtete, für diesen Zweck einen eigenen Verwaltungsapparat aufzubauen und sich lieber der Dienste einer privaten Firma bediente, wurden viele verwaltungsmäßige und personelle Schwierigkeiten umgangen. Durch die Auswahl einer Firma, die vorher keine Verbindung zur Baumwollindustrie gehabt hatte, wurde auch ein mögliches Mißtrauen innerhalb der Baumwollindustrie vermieden.

An demselben Tag, an dem Mr. *Burney* zum Direktor der Reorganisation ernannt worden war, legte das Special Committee dem Board of Trade die Reorganisationspläne für die Baumwollindustrie[28] mit Ausnahme der beiden Pläne für die Veredlungsabteilung vor. Sie wurden vom Board of Trade dem Cotton Industry Act entsprechend geprüft, und nach der Billigung durch das Parlament[29] mit Wirkung vom 30. 7. 1959 bestätigt.

Diese Pläne sind die Ausführungsbestimmungen zu dem oben zitierten Cotton Industry Act. Sie setzen für jede Unterabteilung der Baumwollindustrie den Umfang und die Bedingungen der Entschädigungszahlungen fest. Zur Teilnahme an diesen Plänen war jeder Gewerbetreibende der betreffenden Sektoren berechtigt, der als solcher zwischen dem 24. 4. 1956 und dem 30. 6. 1959 beim Cotton Board registriert war und sich vor dem 30. 9. 1959 um eine Beteiligung bewarb. Bis zu diesem Zeitpunkt mußte in allen Sektoren eine Mindestzahl von Kapazitäten zur Zerstörung angeboten worden sein, damit der Plan wirksam werden konnte. Dieses Minimum wurde in allen drei Fällen vor dem 30. September erreicht. Damit wurde die Verpflichtung der Industrie, die angemeldeten Maschinen zu verschrotten und eine Um-

---

Report of the Estimates Committee, a. a. O., p. 36. Mr. *Hill* kam von dem Board of Trade zum Cotton Board, während Mr. *Thompson* ein Partner der genannten Wirtschaftsprüferfirma ist.

[27] Die Frage eines möglichen Konflikts innerhalb des Cotton Board zwischen seinen öffentlichen Aufgaben im Rahmen des Werks und seiner Arbeit für die Industrie tauchte vor dem parlamentarischen Untersuchungsausschuß auf. Sie wurde von Mr. *Broatch*, dem Generaldirektor des Cotton Board verneint. Fourth Report of the Estimates Committee, a. a. O., Q. 157.

[28] Die oben zitierten Verordnungen 1959, No. 1324—26.

[29] Cotton Industry Act 1 (9).

3. Die erste Phase

lage in Höhe von einem Drittel der hierfür zu zahlenden Entschädigungssumme zu erheben, und die Verpflichtung der Regierung, zwei Drittel der Entschädigungssumme beizusteuern, bindend.

Die Entschädigung, die nun gezahlt wurde, richtete sich dem Gesetz entsprechend nach technischen Maßstäben: der Zahl und Art der zerstörten Maschinen. Auf Anschaffungszeitpunkt und wirtschaftlichen Wert wurde keine Rücksicht genommen. Es gab drei verschiedene Entschädigungsraten, deren Höhe für die verschiedenen Maschinen in den Verordnungen festgesetzt wurde. Die Standardrate wurde für alle zur Verschrottung angebotenen Maschinen gezahlt, die sich in einem Betrieb befanden, der am 24. 4. 1959 noch nicht geschlossen war. Die Diskont-Rate wurde für Maschinen gezahlt, die am 24. 4. 1959 schon stillgelegt waren. Sie lag um 25 % bzw. bei den Webereien um 20 % unter der Standard-Rate. Die Premium-Rate wurde für die Maschinen gezahlt, die sich in einem Betrieb befanden, der am 24. 4. 1959 noch nicht geschlossen war und dessen Inhaber sich verpflichtete, die Baumwollindustrie zu verlassen. Sie lag um 25 % über der Standard-Rate[30]. Um die Abwicklung zu beschleunigen, wurden für alle Anträge, die vor dem 31. 8. 1959 eingingen, zusätzlich 5 % gezahlt. Bedingung für die Zahlung der Entschädigung war in jedem Fall die faktische Zerstörung der Maschinen bis zum 31. 3. 1960. Hier wurden nur ganz selten Ausnahmen bewilligt insgesamt 3 % der gesamten Antragssumme. Ferner hatte sich das Special Committee davon zu überzeugen, daß die festgesetzten Entschädigungszahlungen an die entlassenen Arbeiter und Angestellten gezahlt wurden.

Zusammenfassend kann man sagen, daß die erste Phase in den drei Sektoren: Spinnereien, Zwirnereien und Webereien glatt abgewickelt wurde. Nur sieben Fälle sind vor die Gerichte gekommen, die darüber befinden müssen, ob die Standard-Rate oder die Premium-Rate zu zahlen sei. Das Prinzip der Freiwilligkeit, auf das sich die Regierung hier verließ, hat sich bewährt. Die Unternehmerschaft beteiligte sich in einem Maße, das — hinausgehend über die Vorstellungen, die in den Verordnungen ihren Niederschlag gefunden hatten — in etwa der Zielvorstellung des Weißbuches entsprach.

Hierfür sind neben den allgemeineren oben erwähnten Faktoren vor allen Dingen zwei Momente maßgebend gewesen. Die Festsetzung der Entschädigungssätze erfolgte auf Grund einer Analyse, die Binder,

---

[30] Die Abwicklung der Premium-Rate wurde so gehandhabt, daß zunächst die Standard-Rate an die betreffenden Unternehmungen gezahlt wurde. Die weiteren 25 % wurden erst dann gezahlt, wenn eine zusätzliche Prüfung sichergestellt hatte, daß die Firma wirklich ausgeschieden war.
„The mere passage of time in itself is a considerable safeguard against abuse because if the plant has been without its machinery for a year or eighteen months or two years it reduces considerably the risk of abuse." Fourth Report of the Estimates Committee, Q. 109.

Hamlyn & Co. an dreißig Firmen vorgenommen hatte, so daß ein genügender Anreiz vorhanden war. Zum anderen war in der Industrie soviel totes Holz vorhanden, daß die Verschrottung in dem genannten Ausmaß durchgeführt werden konnte, ohne daß ein merkbarer Produktionsausfall eintrat. Der effektiv eintretende Kapazitätsverlust war sehr gering, die Produktionsleistung insgesamt blieb — von Einzelfällen abgesehen — nahezu unverändert[31]. „Although the amount of scrapping has been much larger than estimated and although there has not yet been time for the new machinery and equipment to be installed ... production has increased[32]."

Die Schätzung, wie groß die Überkapazität überhaupt war, ging von der vorhandenen Beschäftigung aus[33], ein Verfahren, das nicht unproblematisch ist. Die Orientierung an den faktischen Verhältnissen hat zwar den Vorteil einer relativ guten Feststellbarkeit, birgt aber den Nachteil in sich, daß man hinter der wirklichen Entwicklung zurückbleiben kann. Der Status quo ist beweisbar — und das ist natürlich besonders dort, wo öffentliche Mittel eingesetzt werden sollen, von Bedeutung — aber er ist nicht immer repräsentativ für die Zukunft, zumal im Verlauf einer derartigen Reorganisation sich gewöhnlich nicht nur die Daten ändern, die direkt betroffen werden.

Die Beseitigung der Überkapazität in einer so vielschichtigen Industrie ist ein schwieriges Unterfangen. Es mußte vermieden werden, daß die Zerstörung der Kapazitäten zu weit ging, und es war schon aus diesem Grunde kaum möglich, eine weitere Schrumpfung der Absatzmöglichkeiten in den Zielansätzen zu eskomptieren. Man ging also von den gegebenen Absatzverhältnissen aus und nahm insbesondere an, daß sich die Einfuhren nicht wesentlich erhöhen würden. Das war ein Irrtum, denn z. T. ausgelöst durch die Reorganisation selbst, stiegen die Einfuhren in 1960 und 1961 sprunghaft an. Zum anderen bedeutete das Herausschneiden der überflüssigen Kapazitäten eine Entlastung und Neuordnung der Produktionsmöglichkeiten, so daß die Leistungsfähigkeit der Restkapazität erhöht wurde. Während also in der Öffentlichkeit der Eindruck einer zu großen Produktionseinschränkung entstand[34], war der Eingriff, der von Regierungsseite beabsichtigt wurde, zurückhaltend, zurückhaltender als es von führenden Industriekreisen als zweckmäßig angesehen wurde. So veranschlagte etwa Mr. *Winterbottom* die Zahl der in Zukunft benötigten Spindeln um ein Drittel niedriger als die Regierung[35].

---

[31] Fourth Report of the Estimates Committee, a. a. O., p. 39.
[32] The Earl of *Dundee* im Oberhaus, Hansard Vol. 225, No. 128. 21. 7. 1960, Sp. 602/603.
[33] Fourth Report of the Estimates Committee, a. a. O., Q. 166.
[34] Vgl. Hansard Vol. 215, No. 65, 23. 4. 1959, Sp. 942.
[35] Cotton Board Conference, Harrogate 1958.

3. Die erste Phase

In ihrem Weißbuch war die Regierung davon ausgegangen, daß etwa die Hälfte der Spindeln überschüssig sei, daß wenigstens 70 000 Webstühle beseitigt werden müßten und daß in der Veredlungssektion eine Überkapazität von 25—40 % bestand[36]. In der Gesetzesdebatte und in den Verordnungen, die die Reorganisationspläne im einzelnen enthielten, distanzierte man sich jedoch von diesen Angaben[37] und nannte wesentlich niedrigere Zahlen. Das hatte zum Teil taktische Gründe. Einmal war in der Öffentlichkeit der Eindruck entstanden, daß eine zu große Einschränkung beabsichtigt sei, dann war aber auch das Wirksamwerden der Regierungshilfe daran gebunden, daß eine gewisse Minimalhöhe der Zerstörung erreicht war, und man wollte durch ein niedriges Limit der Industrie eine gewisse Sicherheit bieten. Nicht zu übersehen ist aber auch die Tatsache, daß Mitte 1959 sich die Konjunktur wieder besserte und daß man dadurch wieder in den ursprünglichen Ansätzen schwankend wurde. Es zeigte sich später, daß die Zahlen des Weißbuches der Wirklichkeit erheblich näher kamen als die von der Regierung endgültig fixierten.

Beabsichtigte und faktische Kapazitätsverluste

	Spinnereien in Mill. Spindeln	Zwirnereien in Mill. Spindeln	Webereien in tausd. Webstühlen
Weißbuch a)	12,0	1,2	70
Verordnungen b)	6,0	0,4	45
faktisch c)	12,4	0,6	104,7
in % der Gesamtkapazität d)	48	34	38
Aufgewendete öffentl. Mittel zur Entschädigung in Mill. £ e)	6,142	0,231	4,265

a) Cmnd. 774 — b) Die obengenannten Statutory Instruments — c) Fourth Report of the Estimates Committee, p. 11 — d) Fourth Report of the Estimates Committee, p. VI — e) Fourth Report of the Estimates Committee, p. VII, Schätzung unter Zugrundelegung der maximalen Zahlung für noch strittige Fälle, vgl. p. 11, Anm.
Zusätzliche Angaben zur Statistik der Neuordnung befinden sich im Exkurs.

Etwa zwei Drittel der zur Verschrottung angebotenen Spindeln und Webstühle hatten vor dem 24. 4. 1959 schon stillgelegen[38]. Die Garnerzeugung betrug 1959 im Wochendurchschnitt 17,76 und 1960 17,74 Mill. Pfund, die Gewebeherstellung im Wochendurchschnitt 1959 37,02 und 1960 36,74 Mill. linear yds[39]. Es ist also nicht so, daß durch diesen Ein-

---

[36] Cmnd. 744 § 12.
[37] Hansard Vol. 217, No. 92, 30. 6. 1959, Sp. 456.
[38] The Cotton Board Annual Report 1960, p. 29.
[39] The Cotton Board, Quarterly Statistical Review No. 63, Dec. 1961, p. 5—7.

schnitt die Leistungsfähigkeit der britischen Baumwollindustrie herabgesetzt worden wäre, wie man teilweise befürchtet hatte.

Was man verschrotten ließ, war die „Gerechtsame auf dem Mond" (*Schmalenbach*), deren wirtschaftlicher Wert praktisch gleich Null war. Was man mit Hilfe der Entschädigungszahlungen kaufte, war kein wirtschaftliches Gut, sondern die Abwendung einer potentiellen Bedrohung von Anlagen und Maschinen, die noch einen wirtschaftlichen Wert hatten. Was abgekauft wurde, war die Fähigkeit, Werte zu zerstören und die daraus herrührende ständige Bedrohung des Vertrauens in der Baumwollindustrie[40].

Man kann sich vorstellen, daß derartige Geschäfte in unserer Gesellschaft häufiger werden könnten. Die technischen, wirtschaftlichen und politischen Veränderungen, die sich in unserer Zeit rasch vollziehen, führen zu einer beständigen Entwertung von Anlagen und Fähigkeiten, zu einer Erzeugung von Restbeständen des Fortschritts, die wieder in das System eingegliedert werden müssen. Gelingt diese Eingliederung nicht, so wird aus diesen Grenzsituationen heraus ein ständiger Druck auf den Fortschritt ausgeübt, der so zum Stillstand kommen kann, weil er unterlaufen wird. Bisher hat man, zumindest in der Theorie, weitgehend angenommen, daß die Abfallprodukte des Wettbewerbs ohne Störung abfließen, allenfalls die ‚Reservearmee' des Fortschritts darstellen würden. Diese Voraussetzung ist moralisch seit dem Beginn der industriellen Revolution kritisiert worden, aber erst in der Gegenwart ist, wenigstens in den führenden Industriestaaten die Verflochtenheit der Menschen mit dem Industriesystem so groß geworden, daß für ein derartiges moralisches Argument ein genügender Resonanzboden vorhanden ist. Die Vorstellung, daß der ‚better man wins' oder daß für einzelne am Tisch der Natur kein Platz sein könnte, ist unerträglich geworden[41]. „Le droit de propriété est remplacé par celui de chaque individu à une existence aussi heureuse que celle de tous les autres membres du corps social[42]." In einer Zeit, die sich — aus was für Gründen auch immer — daran gewöhnt hat Glück oder Unglück nicht mehr als eine private Angelegenheit anzusehen, können Restbestände, die hinter dem Fortschritt zurückbleiben, nur noch schwer über

---

[40] Lord *Rochdale* sagte vor dem parlamentarischen Untersuchungsausschuß: „The were very fortunate, but if they had been left in they would have been a source of dry rot in the industry." Fourth Report of the Estimates Committee, a. a. O., Q. 212.

[41] Die Kosten der Entwicklung der britischen Baumwollindustrie im 19. Jahrhundert wurden u. a. von den indischen Webern getragen, worüber *Marx* im „Kapital" berichtet.

[42] Ph. *Buonarotti*, Conspiration pour l'Egalité dite de Babeuf, 1. Bd., Bruxelles 1828, p. 208. Le bonheur, so sagte *Saint-Just*, est une nouvelle idée en Europe. Wir haben nun schon einige Erfahrungen mit dieser Idee gemacht, aber sie birgt noch genug Geheimnisse in sich, um uns mit Erwartung in die Zukunft blicken zu lassen.

den hedonistischen Mechanismus wieder eingegliedert werden, weil dieser nicht mehr systemgerecht funktioniert. Die Vorstellung, daß Menschen durch Unglück, durch Strafen geleitet werden, paßt schlecht in eine Zeit, in der dem Fortschritt anscheinend keine Grenzen gesetzt sind. Hier kann man nur noch über ‚mehr Glück' nicht aber über ‚mehr Unglück' lenken und das bedeutet, daß der hedonistische Mechanismus durch andere Lenkungsmaßnahmen, z. B. der öffentlichen Verwaltung, ergänzt werden muß, weil sein harter Kern herausgebrochen ist.

Die Kosten des Fortschritts steigen in dem Maße in dem der harte Zwang zur Anpassung abnimmt, denn in diesem Maße müssen die Prämien für systemgerechtes Verhalten erhöht werden. Diejenigen, die voranschreiten wollen, müssen diejenigen, die hierzu die Möglichkeiten oder den Willen nicht haben, entschädigen, wenn sie nicht Gefahr laufen wollen, daß sich ihr Milieu durch eine Ansammlung von „dry rot" verschlechtert. Das bedeutet, daß, wie der Fall der britischen Baumwollindustrie zeigt, der Fortschritt sehr wohl unterbleiben kann, wenn die Zukunft unsicher und die Kosten zu groß sind. Unter diesen Bedingungen bedeutet der Staatseingriff, daß die Kosten des Fortschritts sozialisiert werden, ein Verfahren, das in mehr oder weniger offenbarer Form heute schon in vielen Ländern Anwendung findet, und zu dem sich die Industriestaaten vielleicht eines Tages offen bekennen müssen, wenn sie im internationalen Wettbewerb standhalten wollen.

4. Die Veredlungsabteilung

Während die erste Phase bei den Spinnereien, Zwirnereien und Webereien schnell abgeschlossen wurde, nahm die Abwicklung dieser Phase in der Veredlungsabteilung mehr Zeit in Anspruch. Der Versuch des Special Committee, gleich im Anschluß an die Pläne der drei anderen Abteilungen auch hier die Reorganisationspläne vorzulegen, ließ sich nicht verwirklichen. Der Veredlungsprozeß der Baumwolltextilien umfaßt viele verschiedenartige und komplizierte Prozesse, so daß sich nicht wie in den anderen Fällen ein verhältnismäßig leicht zu handhabender technischer Maßstab zur Ermittlung der bestehenden Überkapazität einerseits und der zu zahlenden Entschädigung andererseits finden ließ.

Die Statutory Instruments, die für die Veredlungsabteilung ausgearbeitet wurden[43], unterschieden sich daher wesentlich von denen, die für die drei anderen Abteilungen galten. Sie wurden erst am 1. 8. 1960 verkündet und wurden sofort wirksam, d. h. ihre bindende Wirkung war unabhängig davon, ob die von der Regierung auf 20—30 % der Kapazität festgesetzte Mindesthöhe der Verschrottung erreicht wurde

---

[43] 1960, No. 1264, und 1960, No. 1265.

oder nicht. Es ist klar, daß die Anmeldung zur Verschrottung bei gleichzeitiger Ungewißheit darüber, ob der Plan wirksam werden wird oder nicht ein gewisses Element der Verzögerung in sich schließt. Das wollte man hier schon deshalb vermeiden, weil die Verhältnisse auf dem Veredlungssektor besonders unübersichtlich waren. Wäre das festgesetzte Minimum nicht erreicht worden, so wäre die Folge nur die gewesen, daß die Regierung kein Geld für die Entschädigungszahlungen beigesteuert hätte und die Industrie durch Umlage selbst für alle Entschädigungszahlungen hätte aufkommen müssen. Hierdurch wurde ein zusätzlicher Anreiz gegeben, das gesteckte Ziel zu erreichen.

Berechtigt zur Entschädigungszahlung waren alle die Firmen, die für diesen Gewerbezweig in der Zeit vom 24. 4. 1957 bis zum 24. 6. 1960 beim Cotton Board registriert waren und ihre Werke in der Zeit zwischen dem 24. 4. 1959 und sechs Monate nach Ablauf der Anmeldefrist stillegten[44]. Da es hier weder zur Bestimmung der stillgelegten Kapazität noch zur Bestimmung der Höhe der Entschädigungszahlungen einen eindeutigen technischen Maßstab gab, fand man den Ausweg, daß Anmeldungen zur Stillegung nur für ganze Betriebseinheiten angenommen wurden und daß die Entschädigung hierfür sich nach Buchwert, Umsatz und den Anlagen bestimmte[45]. Dadurch wurde die Berechnung der Entschädigungszahlen naturgemäß viel komplizierter als in den vorgenannten Fällen[46]. Außerdem ergab sich eine gewisse Härte für kleine Firmen mit nur einer Betriebseinheit, die nur vor die Wahl gestellt wurden, ob sie im Geschäft bleiben wollten oder nicht[47].

Auch gab es hier keine verschiedenen Raten der Entschädigung[48]. Die Firma, die beabsichtigte, eine Produktionseinheit zu verschrotten, hatte nur die Wahl, ob sie selbst sich an den Cotton Board wenden wollte oder ob sie ihre Anlagen einer der vier zu diesem Zweck gegründeten Realisationsgesellschaften anbieten wollte.

---

[44] Wenn das Special Committee davon überzeugt war, daß schon am 23. 4. 1959 stilliegende Werke ohne große Mühe hätten in Betrieb genommen werden können, so wurde auch für diese eine Entschädigung gezahlt. Ein Zahlungsantrag für diesen speziellen Fall war jedoch nicht zu verzeichnen. Fourth Report of the Estimates Committee, a. a. O., Q. 199.
[45] „The rate of compensation to be paid for scrapping was given in the schemes as 10/- per £ 1 of the written down value at April 24, 1959 of the finishing plant and machinery of the production unit plus 3/- per £ 1 of turnover less direct materials in the finishing activities of the unit in its last complete financial year ending not later than October 31, 1959". The Cotton Board, Annual Report 1961, p. 29.
[46] Vgl. No. 1264 10 (1—4) und No. 1265 9 (1—4).
[47] Vgl. hierzu Hansard Vol. 225, No. 108, 21. 7. 60, Sp. 601.
[48] Eine weitere Unterscheidung bestand darin, daß das Special Committee Anträge auf Stillegung ablehnen konnte, wenn es zu der Überzeugung kam, daß der eintretende Kapazitätsverlust zu groß sei. Von dieser Möglichkeit ist aber kein Gebrauch gemacht worden.

Die Realisationsgesellschaften — je eine für jede Unterabteilung der Veredlungsindustrie — waren gegründet worden, um bei der Kompliziertheit der Materie den einzelnen Firmen die Abwicklung zu erleichtern. Sie kauften die Produktionseinheiten zu den gesetzlich festgelegten Sätzen auf und verschrotteten sie dann, wobei ihr Gewinn oder Verlust durch Umlage in der betreffenden Industriegruppe getragen wurde[49]. Sie konnten den einzelnen Firmen keine besseren Bedingungen bieten als die gesetzlich festgelegten, aber dadurch, daß sie den Firmen die Abwicklungsarbeit ersparten, boten sie einen gewissen zusätzlichen Anreiz[50].

Die Abwicklung war vergleichsweise schleppend. Sei es, daß die verbesserte Konjunkturlage die Neigung zum Ausscheiden verringerte, sei es, daß die angebotenen Entschädigungspreise nicht hoch genug waren oder daß die geringere Übersichtlichkeit der Lage die Entschlußkraft lähmte, die bis zum 31. 10. 1960 laufende Anmeldefrist mußte bis zum 31. 1. 61 verlängert werden und das gesteckte Ziel wurde nur knapp erreicht. Der Einschnitt war hier relativ gering, die Zahl der Firmen und der bei diesen Beschäftigten ging nur um rund 10 % zurück[51]. Der Produktionsrückgang, der dann von Mitte 1961 an spürbar wird, ist auf die verschlechterte Konjunktur zurückzuführen, nicht auf verringerte Liefermöglichkeiten. Zur Verschrottung wurden angemeldet Kapazitäten zur Veredlung von knapp 31 Mill. Pfund Garn und 561 Mill. yds. Gewebe. Die respektiven Minima waren 25,2 Mill. Pfund Garn und 534 Mill. yds. Gewebe. Das entspricht beim Garn etwa einem Viertel und beim Gewebe etwa einem Drittel der Jahreserzeugung von 1959[52].

5. Die zweite Phase

Die zweite Phase der Reorganisation hatte zum Ziel, die britische Baumwollindustrie nach Ausschaltung der Überkapazität neu auszurüsten. Wenn man nicht einfach für eine ordentliche Abwicklung einer sterbenden Industrie Sorge tragen, sondern eine leistungsfähige und

---

[49] Vgl. hierzu The Cotton Board, Annual Review 1961, p. 27.
[50] Vgl. Hansard Vol. 225, No. 108, 21. 7. 60, Sp. 605/606.
[51] International Review of Cotton and Allied Textile Industries, Vol. 30, No. 117, 1962, p. 38.
[52]

	Gewebe			Garn
	Bleichen	Färben	Drucken	Veredlung
Kapazitätsverlust in %	16,7	23,5	17,6	26,3
öffentliche Mittel in Mill £ a)	0,066	0,70	0,30	0,14

Quelle: Fourth Report for the Estimates Committee, p. VII (a), Schätzungen auf Grund der Information, die bis zum 26. 2. 1962 vorlag. Vgl. Fourth Report of the Estimates Committee, a. a. O., p. 60, Anm.

wettbewerbsfähige Baumwollindustrie erhalten wollte, mußte hier das Schwergewicht der Reorganisation liegen[53]. Hinsichtlich der zweiten Phase der Reorganisation, der Wiederausrüstung, wurde im Cotton Industry Act 1959 2(1) bestimmt, daß die Regierung 25 % bestimmter Investitionskosten zu übernehmen habe[54].

Die britische Baumwollindustrie hat nach dem zweiten Weltkrieg ständig große Beträge — 10—15 Mill. £ p. a. — investiert[55]. Der Mangel an Arbeitskräften, der sich nach dem zweiten Weltkrieg bemerkbar machte, und der technische Fortschritt waren hierfür von entscheidender Bedeutung gewesen. Der technische Fortschritt hatte in der Mitte der dreißiger Jahre eingesetzt, kam aber aus verständlichen Gründen erst nach dem Kriege zum Zuge und beschleunigte sich stark in den fünfziger Jahren[56]. Neben dem Prozeß der Schrumpfung lief daher immer ein breiter Strom der Erneuerung, gekennzeichnet durch das Vordringen der Ring-Spindel und des automatischen Webstuhls. Die Betriebe, die im Markt bleiben wollten, waren zu ständigen Neuinvestitionen gezwungen, um wettbewerbsfähig zu bleiben. Diese Investitionen bedeuteten eine ganz erhebliche Erhöhung des pro Arbeitsplatz angelegten Kapitals gegenüber den Daten, die man aus der Vorkriegszeit gewohnt war. Gegenwärtig sind es etwa 10 000 £, mit denen man pro Arbeitsplatz in einer Spinnerei rechnen muß[57]. Die unsicheren Zukunftsaussichten machen es verständlich, daß die britische Baumwollindustrie dieser Entwicklung nur zögernd folgte.

Die von ihr seit dem zweiten Weltkrieg aufgewendeten Beträge zur Investition sind zwar beträchtlich, haben aber nur knapp ausgereicht, um in der internationalen Entwicklung Schritt zu halten. Mit dem steigenden ausländischen Wettbewerb auf dem britischen Binnenmarkt, bzw. mit der schwindenden Position der britischen Baumwollindustrie auf den Weltmärkten, ging die Investitionsrate ständig zurück, so daß in den fünfziger Jahren ein steiler Abfall zu verzeichnen ist[58]. Bei einer Investition von 120 Dollar pro Arbeiter und Jahr liegt England an der unteren Grenze des europäischen Investitionsspektrums — zwischen

---

[53] Vgl. Cmnd. 744 § 21.
[54] Für diese zweite Phase wurde eine Ergänzung der obengenannten Verordnungen notwendig, da die Deckung der Verwaltungskosten des Cotton Board durch Umlage in der Industrie aus den erstgenannten Verordnungen nicht eindeutig hervorging. So kam es zu den schon erwähnten Amendment Orders; vgl. Hansard Vol. 234, No. 118, 31. 7. 1961, Sp. 7.
[55] Nach *Robson*, a. a. O., p. 209. *Kroese*, a. a. O., p. 51, nennt für die Zeit von 1948 bis 1957 die Summe von 100 Mill. £.
[56] Fourth Report of the Estimates Committee, a. a. O., Q. 751.
[57] Hansard, Vol. 607, No. 131, 23. 6. 1959, Sp. 1115.
Die Modernisierung einer Spinnerei wird auf mindestens 1 Mill. £ geschätzt. Fourth Report of the Estimates Committee, a. a. O., Q. 367.
[58] Absolute Zahlen können wir hier leider nicht nennen, da sie vertraulich sind. Vgl. Fourth Report of the Estimates Committee, a. a. O., p. 128 und 133.

5. Die zweite Phase

120 und 320 Dollar pro Arbeiter und Jahr — und investiert nur etwa ein Drittel dessen, was in den USA üblich ist[59]. Wenn auch diese Zahlen cum grano salis zu verstehen sind, so machen sie doch deutlich, daß die britische Baumwollindustrie nur mühsam den Anschluß wahrte[60].

Aus diesem Grunde hatte die zweite Phase der Reorganisation ein besonderes Schwergewicht[61]. Es war deutlich vorauszusehen, daß in der Zukunft ständig ein hohes Investitionsvolumen nötig sein würde, um mit der technischen Entwicklung Schritt zu halten. Nur in einer derartigen Anpassung an das modernste technische Niveau hatte aber die britische Baumwollindustrie überhaupt eine Chance sich im Wettbewerb zu behaupten. Wenn die Regierung sich daher bereit erklärte, 25 % gewisser Investitionskosten zu übernehmen, so mit der Absicht, der Industrie den Sprung in eine neue Entwicklungsphase zu ermöglichen.

Der Anstoß für eine derartige öffentliche Beihilfe für private Investitionen wurde von der Industrie gegeben[62], und um den Einsatz der öffentlichen Mittel möglichst zu beschränken, wurden lediglich Ausgaben für Maschinen und Ausrüstungen für beihilfefähig erklärt. Obschon man sich über die technische Komplementarität klar war, wurden Ausgaben für Gebäude nicht subventioniert, ebenfalls nicht Ausgaben für Fahrzeuge, Büroeinrichtungen etc. Anträge auf Wiederausrüstungsbeihilfe mußten in der Zeit vom 24. 4. 59 bis zum 8. 7. 62 gestellt, die entsprechenden Investitionsaufträge bis zum 8. 7. 1963 vergeben[63] und die Investition selbst bis zum 8. 7. 1964 durchgeführt sein.

Um in den Genuß der Wiederausrüstungsbeihilfe zu gelangen, mußte die interessierte Firma zunächst vor dem Cotton Board dartun, daß die beabsichtigte Investition Teil eines Plans war, der darauf abzielte, die Leistungsfähigkeit der Unternehmung zu erhöhen[64]. Dieser Antrag mußte vom Cotton Board im Prinzip gebilligt werden und wurde von diesem dann an den Board of Trade weitergeleitet. Ein Anspruch auf Beihilfe entsteht jedoch erst dann, wenn die Investition tatsächlich durchgeführt ist, was bis zum 8. 7. 64 der Fall sein muß. Ist die Investition fristgemäß und im Rahmen des Gesetzes erfolgt[65], so erhält der Antragsteller 25 % der faktischen beihilfefähigen Ausgaben ersetzt. Diese Beihilfe wird im Unterschied zu den Entschädigungszahlungen di-

---

[59] Nach *Kroese*, a. a. O., p. 51 und 55.
[60] Ebenso Hansard, a. a. O., und Fourth Report, a. a. O., Q. 643.
[61] Vgl. die Ausführungen des Earl of *Dundee*, Hansard Vol. 25, No. 108, 21. 7. 1960, Sp. 602 ff.
[62] Fourth Report of the Estimates Committee, a. a. O., Q. 790.
[63] Für die Spinner, Zwirner und Weber lief diese Frist ursprünglich schon 1962 ab, sie wurde verlängert, um eine höhere Investitionsrate zu erreichen.
[64] Vgl. Fourth Report of the Estimates Committee, a. a. O., Q. 295.
[65] Es gab einen Fall, in dem sich der Board of Trade zu einem extrastatutory payment entschloß, vgl. Fourth Report of the Estimates Committee, p. 160.

rekt vom Board of Trade an die Unternehmungen geleistet. Der Cotton Board tritt hier nur als Agent auf. Er muß den ersten Antrag billigen und die Ansprüche auf Zahlung überprüfen[66]. Bei Investitionen, die dazu dienten, zerstörte Kapazitäten zu ersetzen, für die Entschädigung gezahlt worden war, wurden drei Viertel der so gezahlten Entschädigungssumme von der Beihilfe abgezogen[67]. Für Investitionen, die der Modernisierung oder dem normalen Ersatz von Maschinen dienten, wurde keine Beihilfe gezahlt auch nicht für Reparaturen oder den Unterhalt von Anlagen und Maschinen.

Diese zweite Phase lief zunächst gut an[68]. Nachdem die Minimalansätze der zu zerstörenden Kapazitäten bei den Spinnern, Zwirnern und Webern erreicht worden war, verkündigte der Board of Trade am 31. 8. 1959 die Wiederausrüstungspläne für die einzelnen Sektoren, in denen die Bedingungen, unter denen Zahlungen geleistet wurden, enthalten waren. Diese Pläne wurden am 7. 3. 1960 wirksam, und es waren in der ersten Jahreshälfte 1960 zahlreiche Anträge auf entsprechende Beihilfen zu verzeichnen[69]. Für die Veredlungssektion wurde der Wiederausrüstungsplan mit dem 28. 3. 1961 wirksam, die Frist endete aber hier auch, wie in den anderen Sektoren, mit dem 8. 7. 1964.

Seit der Mitte des Jahres 1960 gingen jedoch die Anträge auf Beihilfe für Wiederausrüstung merklich zurück. Nach einem Jahr schien es, daß die Ziele des zweiten Abschnitts bei weitem nicht erreicht werden würden[70]. Die Frist, innerhalb derer Anträge auf Beihilfe gestellt werden konnten, wurde daraufhin um ein Jahr verlängert[71]. Ursprünglich hatte man angenommen, daß unter diesem Plan etwa 90 Mill. £ investiert werden würden[72], Ende 1961 lagen erst Beihilfeanträge mit einer Investitionssumme von 35,5 Mill. £ vor[73].

Diese Entwicklung hat zunächst enttäuscht. Nach der prompten Abwicklung der ersten Phase hatte man gehofft, daß auch die zweite einen so glatten Verlauf nehmen würde. Es gibt für diesen Verlauf selbstverständlich wirtschaftliche Gründe, auf die wir später eingehen werden. Es scheint aber auch nicht genügend berücksichtigt worden zu sein,

---

[66] Vgl. Fourth Report of the Estimates Committee, a. a. O., p. 8.
[67] The Cotton Board Annual Report 1960, p. 31, Hansard Vol. 609, No. 151, 21. 7. 59, Sp. 1201, Vol. 217, No. 92, 30. 6. 1959, Sp. 488. Sog. ‚Claw-back on Compensation Grant'.
[68] Besonders deutlich zeigt sich das an dem sprunghaften Ansteigen der englischen Einfuhren von Textilmaschinen. Die Summe dieser Einfuhren war 1960 und 61 doppelt so groß als 1958 und 1959. Board of Trade, Trade and Navigation Accounts. Vgl. auch Fourth Report of the Estimates Committee a. a. O., Q. 475.
[69] The Cotton Board Annual Report 1961, p. 30.
[70] Hansard Vol. 644, No. 153, 21. 7. 1961, Sp. 1692/3.
[71] Lord *Rochdale*, The Cotton Board Conference, Harrogate 1961, p. 13.
[72] Das war der Betrag, den das Weissbuch der Regierung als notwendig angesehen hatte. Cmnd. 744 § 14. Einzelheiten im Exkurs.
[73] Hansard Vol. 651, No. 38, 21. 12. 61, Sp. 1644.

daß der Charakter des Staatseingriffs in beiden Fällen ein ganz verschiedener war. Im ersteren Fall konnte man die Prämie, die für ein ‚systemgerechtes' Verhalten zu zahlen war, in etwa berechnen, im letzteren Fall spielten Unsicherheitsfaktoren eine zu große Rolle. Wenn öffentliche Mittel eingesetzt werden, ist immer eine genaue Berechnung dessen, was für den angestrebten Zweck notwendig ist, erforderlich. Das Prinzip der Sparsamkeit, das hier zugrundeliegt, kann aber in die Irre führen, wenn eine derartige Berechnung zu große Unsicherheiten in sich schließt. Die Prämie von 25 % drückte daher weniger das aus, was wirtschaftlich zweckmäßig, als das, was politisch möglich war[74]. Nach außen erschienen diese 25 % als ein Geschenk für die Baumwollindustrie, die gerade eine ‚lolly'[75] in Form der Entschädigungszahlungen erhalten hatte. Unter dem Gesichtspunkt der Baumwollindustrie jedoch, waren diese 25 % ein recht geringer Anreiz. Sie waren, wie es Mr. *Winterbottom* ausdrückte, praktisch nichts anderes als ein mittelfristiger, zinsloser Kredit[76]; denn die mit Hilfe der öffentlichen Mittel beschafften Maschinen und Anlagen konnten nicht mit steuerlicher Wirksamkeit abgeschrieben werden. Effektiv war der Anreiz also nicht groß, zumal wenn man bedenkt, daß jede Inanspruchnahme der öffentlichen Mittel einen beträchtlichen Einsatz eigener Mittel zur Voraussetzung hatte.

Ein rein technischer Grund darf hier auch nicht übersehen werden. Die Planung einer größeren Investition — die Modernisierung einer Spinnerei kostet etwa 1 Mill. £ — dauert etwa 12 bis 18 Monate. Das verhältnismäßig große Antragsvolumen unmittelbar nach Wirksamwerden der zweiten Phase weist darauf hin, daß Firmen ihre Investitionspläne, die sie schon ausgearbeitet hatten, bis zu diesem Zeitpunkt zurückgehalten hatten. Firmen, die mit der Ausarbeitung ihrer Pläne erst mit dem Wirksamwerden des Gesetzes begannen, waren rein technisch nicht in der Lage so schnell fertig zu werden, daß ein Rückgang der Anmeldungsrate hätte vermieden werden können. Hinzu kommt, daß ursprünglich vorgesehen war, daß nicht nur die Ausarbeitung der Investitionspläne, sondern auch die Placierung der Investitionsaufträge innerhalb von zwei Jahren zu geschehen habe. Das hätte bedeutet, daß eine Firma fast unmittelbar nach Fertigstellung ihres Investitionsplanes mit einem Hersteller von Textilmaschinen hätte abschließen müssen. Das war praktisch kaum durchführbar, zumal bei der Vergabe der Aufträge auch berücksichtigt werden mußte, daß die Lieferfrist bis Mitte

---

[74] Während die Entschädigungszahlungen für das Verschrotten auf Grund einer Analyse der Fa. Binder, Hamlyn & Co. bestimmt wurden, wurde die Höhe der Investitionsbeihilfe vom Präsidenten des Board of Trade festgesetzt. Vgl. Fourth Report of the Estimates Committee, a. a. O., Q. 218.
[75] Hansard Vol. 607, No. 131, 23. 6. 59, Sp. 1109.
[76] Ebenso Mr. *Harrison*, Fourth Report of the Estimates Committee, a. a. O., Q. 341.

1964 nicht überschritten wurde[77]. Die Verlängerung der Frist, innerhalb derer die Investitionsaufträge placiert werden mußten, um ein Jahr, brachte eine gewisse Erleichterung. Trotzdem muß die Anmeldefrist von nur zwei Jahren als recht kurz angesehen werden.

Die Verwaltung mußte hier einen Kompromiß schließen zwischen der Notwendigkeit das Beihilfeprogramm auf eine möglichst kurze Frist zu begrenzen einerseits und den praktischen Bedürfnissen der Industrie andererseits. Die Industrie wurde unter einen gewissen Zeitdruck gesetzt, was sich deutlich in dem Ansteigen der Beihilfeanträge in den letzten drei Monaten der Anmeldefrist äußert[78]. Wahrscheinlich wäre diese Kumulation der Anträge am Ende der Periode aber auch bei einer längeren Frist eingetreten, denn unter den gegenwärtigen Umständen besteht in der britischen Baumwollindustrie gegenüber Investitionen eine abwartende Haltung. Aus diesem Grunde war die Verwaltung auch nicht geneigt, die Anmeldefrist zu verlängern, während sie die Frist für die Placierung der Aufträge aus praktischen Erwägungen ausdehnte. Während geraumer Zeit schien es so, als ob die zu kurze Anmeldefrist mit dazu beitrüge, den Erfolg der zweiten Phase zu gefährden. Das Ergebnis hat der Verwaltung aber recht gegeben. Als sich zeigte, daß keine Fristerstreckung zu erlangen war, kamen in den letzten Monaten noch reichlich Anträge herein.

6. Entschädigung freigesetzter Arbeitskraft

Eine wesentliche Voraussetzung für die Hilfe, die die britische Regierung der Baumwollindustrie gewährte, war, daß von der Industrie selbst Vorsorge getroffen wurde für diejenigen, die im Verlauf der Reorganisation ihren Arbeitsplatz verloren. Die Beseitigung der Überkapazität, der Übergang zu rationelleren Produktionsmethoden, waren für die Opposition vor allen Dingen unter diesem Gesichtspunkt Gegenstand der Besorgnis. Hier glaubte man, daß es im Verlauf dieses Prozesses zu größeren sozialen Schwierigkeiten kommen werde[79]. Auch die Regierung widmete diesem Problem ihre Aufmerksamkeit, insbesondere der Frage, was mit denjenigen geschehen würde, die einen großen Teil ihres Arbeitslebens in der Baumwollindustrie zugebracht hatten und nun womöglich arbeitslos werden würden[80]. Sie war jedoch durch die Erfahrung der vergangenen Jahre zuversichtlich gestimmt. Obwohl die Beschäftigung in der Baumwollindustrie zu Beginn der Reorganisation verglichen mit dem in der Nachkriegszeit erreichten Höhepunkt um ein Drittel gesunken war, obwohl seit diesem

---

[77] Vgl. Fourth Report of the Estimates Committee, a. a. O., Q. 474.
[78] Vgl. Fourth Report of the Estimates Committee, a. a. O., Q. 433.
[79] Hansard Vol. 607, No. 131, 23. 6. 59, Sp. 1083 und 1098.
[80] Weißbuch § 23.

Zeitpunkt mehr als 450 Spinnereien und Webereien geschlossen worden waren, hatte es keine größere Arbeitslosigkeit gegeben. Daraus schloß man, daß der Gesamtbereich der Wirtschaft von Lancashire so anpassungsfähig sei, daß man der Freisetzung von Arbeitskräften im Verlaufe der Reorganisation mit Ruhe entgegensehen konnte. Man überließ daher die Regelung dieses Problems der Vereinbarung zwischen den Arbeitgebern und den Gewerkschaften, gegen den Willen der Opposition, die hier eine stärkere staatliche Fürsorge gewünscht hatte[81]. Im Gesetz wurde lediglich festgestellt, daß der Board of Trade einen Reorganisationsplan nur dann bestätigen würde, wenn zuvor eine Vereinbarung über eine Entschädigungszahlung getroffen worden war, die die Mehrheit der Beteiligten zufriedenstellte[82]. Dadurch wurde sichergestellt, daß jeder Einkommensverlust, der im Verlauf der Reorganisation entstand, entschädigt wurde, aber die Ausarbeitung im einzelnen wurde den Sozialpartnern überlassen.

Dieses Verfahren hat sich bewährt. Die anfänglich bestehenden Schwierigkeiten wurden sehr rasch überwunden, und mit dem Inkrafttreten des Gesetzes waren die erforderlichen Vereinbarungen getroffen[83]. Das Prinzip war, den eintretenden Einkommensverlust im Verhältnis zu dem bisherigen Einkommen, Alter und Zugehörigkeit zur Industrie auszugleichen[84]. Die Hälfte der Entschädigungssumme wurde sofort bei der Entlassung gezahlt, der Rest in Raten, die sich danach richteten, ob und was für Arbeit der Betreffende fand. Die Finanzierung dieser Entschädigungszahlungen erfolgte durch eine Umlage innerhalb der Industrie, die Regierung stellte hierfür keine Mittel zur Verfügung. Die Gelder wurden gezahlt an einen Ausschuß, der paritätisch von Arbeitgebern und Arbeitnehmern besetzt war und auch von diesem verteilt. Hier entstand eine gewisse Schwierigkeit insofern, als die Verteilung der Gelder nicht so schnell vor sich ging, als dies wünschenswert erschienen wäre. Die Berechnung war hier vergleichsweise komplizierter als bei den einfachen technischen Kategorien, die der Zahlung an die Industrie zugrunde lagen[85].

Ebenso wie sich die Unternehmer der Gelegenheit bedient hatten, eine schrumpfende Industrie zu verlassen, ergriffen nun die Arbeiter die Möglichkeit, sich eine neue Stellung zu suchen, wenn sie nicht, wie viele der verheirateten Frauen, überhaupt aus dem Berufsleben ausschieden. Das Problem, das eintrat, war nicht die befürchtete Arbeitslosigkeit, sondern der Arbeitskräftemangel. „The closing stages of the Cotton

---
[81] Hansard Vol. 607, No. 131, 23. 5. 59, Sp. 1063 ff. und 1075 ff.
[82] Cotton Industry Act 1959 1 (2, b, c).
[83] Die Vereinbarungen für die auf Grund der Reorganisation fällig werdenden Entschädigungszahlungen datieren für die Veredlungssektion vom 1. 6. 59 und für die Spinnereien, Webereien und Zwirnereien vom 9. 7. 59.
[84] Für Beispiele vergleiche den Exkurs.
[85] Hansard Vol. 225, No. 108, 21. 7. 60, Sp. 604/605.

Reorganization Scheme in April 1960 did not bring the expected increase in unemployment. In fact, many of the firms remaining in the industry required additional operators[56]." In vielen Fällen mußte Sorge dafür getroffen werden, daß nicht das vorzeitige Ausscheiden der Arbeitnehmer die Erfüllung hereingenommener Aufträge verhinderte[87]. Da die freigesetzten Arbeitskräfte im allgemeinen keine Schwierigkeiten hatten, in anderen Stellungen unterzukommen, war auch die gezahlte Entschädigungssumme vergleichsweise gering. Die Industrie brachte für diesen Zweck bis zum 31. 3. 61 3,5 Mill. £ auf, gegen 6,1 Mill. £, die sie selbst als Verschrottungsbeihilfe beisteuerte. Sie erhielt bis zu diesem Zeitpunkt von der Regierung für Kapazitätsverluste 10,6 Mill. £ und für Ausrüstungsbeihilfen 6 Mill. £[88].

Im einzelnen wies die Lage auf dem Arbeitsmarkt natürlich beträchtliche Unterschiede auf, da sich die Stillegungen nicht regional gleichmäßig verteilten. Ein verhältnismäßig großer Überschuß an Arbeitskräften bestand in Merseyside North und St. Helens, während in Altrincham ausgeprägter Arbeitskräftemangel herrschte[89]. Im Durchschnitt der North-West-Region von Lancashire und Merseyside waren im Januar 1959 — also vor Beginn der Reorganisation — 3,6 % der gegen Arbeitslosigkeit versicherten Bevölkerung arbeitslos, im März 1960 — also gegen Abschluß der ersten Phase bei den Halbwarenfabrikanten — 2,3 % und im Juli 1961 nur noch 1,3 %. Das sind Prozentsätze, die als niedrig zu bezeichnen sind, wenngleich sie etwas höher liegen als in den Midlands in der gleichen Zeit[90]. Sie lassen aber den Schluß zu, daß die Rückwirkungen der Reorganisation auf die Arbeitslosigkeit der betreffenden Region gering war[91].

7. Regionale Auswirkung

Ein noch besseres Kennzeichen für die Anpassung an die stattfindende wirtschaftliche Strukturänderung ist die Wiederverwendung der frei werdenden Gebäude. Im Jahre 1951 waren in Lancashire, Nord Cheshire und Derbyshire 1250 Fabrikanlagen (Mills) im Rahmen der Textilindustrie belegt. 1961 waren es nur noch 700. Von den so freigewordenen

---

[86] *Lamida*, 15th Annual Report of the General Council, p. 6.
[87] Vgl. das Rundschreiben der Federation of Master Cotton Spinners' Associations Ltd. vom 23. 9. 59.
[88] The Cotton Board, Annual Report 1961, p. 32.
[89] Birmingham and West Midlands Chambers of Commerce Journal Oct. 61 p. 863. Bei der Beurteilung dieser Zahlen ist jedoch zu bedenken, daß sie sich nicht nur auf Textilarbeiter beziehen. Auch die rückläufige Entwicklung des Bergbaus drückt sich in ihnen aus. Vgl. hierzu *Lamida*, Industrial Lancashire and Merseyside 1961, p. 4.
[90] Birmingham and West Midlands Chambers of Commerce, Journal Sept. 61, p. 767.
[91] Ebenso District Bank Review, Sept. 1961, No. 139, p. 37.

550 Einheiten waren 1961 nur noch 155 verfügbar. Die übrigen waren entweder von anderen Industrien belegt oder in anderem Zusammenhang wieder in die Textilindustrie eingegliedert worden.

Eine Fülle verschiedener Industrien nahm die Reorganisation als eine günstige Gelegenheit wahr, sich in Lancashire anzusiedeln oder auszudehnen. Gleichzeitig mit der Reorganisation wurde so erreicht, daß in dem genannten Wirtschaftsraum eine größere Mannigfaltigkeit der Gewerbezweige eintrat, was ein unbestreitbarer Vorteil war. Es trat also nicht nur eine Strukturverbesserung der Baumwollindustrie, sondern zugleich eine Strukturverbesserung des gesamten Wirtschaftsraumes ein. Diese Tatsache ist zwar nur eine Nebenwirkung der Neuordnung, sie darf aber bei der Beurteilung ihrer Auswirkung nicht gering eingeschätzt werden[92].

Exkurs: Details, Fälle

Wir haben im Vorangehenden nur die Grundzüge der Reorganisation darstellen können, und wir können auch hier nicht etwa alle oder auch nur viele Details nachtragen. Wir wollen nur für den Leser, der mehr an den praktischen Zusammenhängen interessiert ist, einige Ergänzungen bringen und der Darstellung dadurch zugleich eine größere Anschaulichkeit geben[93].

Wir behandeln zunächst einige Fragen aus der ersten Reorganisationsphase der Spinnereien und Webereien. Wie schon bemerkt, gab es drei verschiedene Entschädigungsraten, eine Standardrate, eine Premiumrate und eine Discount Rate. Letztere wurde gezahlt für alle zur Verschrottung angebotenen Maschinen, die am 24. 4. 59 unbeschäftigt waren. Die Bestimmung der Zahl der unbeschäftigten Spindeln richtete sich nach den wöchentlichen statistischen Meldungen, die die einzelnen Betriebe an den Cotton Board zu senden hatten. Als relevanter Zeitraum für diese Ermittlung wurden die acht Wochen vom 7. 3. bis zum 25. 4. 59 zugrunde gelegt. Von der so ermittelten Zahl der unbeschäftigten Spindeln wurden 10 % der Gesamtspindelzahl abgezogen, d. h. als beschäftigt angesehen, da auch in einem voll beschäftigten Betrieb ständig ein Teil der Spindeln stilliegt. Wenn also bei einem Betrieb, der über 100 000 Spindeln verfügte, im Durchschnitt dieser acht

---

[92] Eine umfangreiche Aufstellung über die Neuverwendung von alten Anlagen der Textilindustrie hat die Lancashire and Merseyside Industrial Development Association (*Lamida*) am 24. 1. 1961 veröffentlicht. Eine Ergänzung hierzu am 11. 7. 61, vgl. a. *Lamida*, 15th Annual Report of the General Council 1961. Vgl. a. Fourth Report of the Estimates Committee, a. a. O., Q. 637.

[93] Wenn nicht ausdrücklich anders vermerkt, werten wir hier Material aus, das uns von der Firma Binder, Hamlyn & Co. und von der Federation of Master Cotton Spinners' Associations Ltd. zur Verfügung gestellt wurde.

Wochen 30 000 stillstanden, so wurden 20 000, d. i. 30 000 weniger 10 000, als faktisch unbeschäftigt angesehen. Wenn der betreffende Betrieb nun anbot, 50 000 Spindeln zu verschrotten, so wurde für 30 000 Spindeln die Standard-Rate und für 20 000 Spindeln die Discount-Rate gezahlt. Wenn eine Fabrik an die Stelle der mit Regierungshilfe verschrotteten Maschinen neue installierte und dazu wiederum Regierungshilfe in Anspruch nahm, so wurde die für die Verschrottung gezahlte Entschädigung um 75 % ermäßigt[94]. Zum Beispiel: Eine Fabrik verschrottet 125 000 Mule-Spindeln und erhält dafür eine Entschädigung in Höhe von 50 000 £, d. h. 8 sh. pro Spindel als Standardrate. Sie installiert später 25 000 Ringspindeln, d. h. das Leistungsäquivalent von 37 500 Mule-Spindeln mit Hilfe der Wiederausrüstungsbeihilfe. Für die Verschrottung von 37 500 Mule-Spindeln hatte der Betrieb 15 000 £ als Entschädigung erhalten. Von diesen 15 000 £ verlangt der Cotton-Board 75 % d. i. 11 250 £ aufgrund des Claw-back on Compensation Grant zurück.

Entschädigung wurde auch gezahlt für die Verschrottung von Krempelmaschinen. Da man aber vor allen Dingen sicherstellen wollte, daß eine ausreichende Zahl von Spindeln verschrottet wurde, richtete sich die Entschädigung, die für die einzelne Krempelmaschine gezahlt wurde, darnach, ob zugleich eine entsprechende Spindelzahl zur Verschrottung angeboten wurde.

Die Entschädigungssätze betrugen[95]:

1. Für Betriebe, die am 24. 4. 59 geschlossen waren pro Spindel (Mule-Äquivalent): 6 sh

2. Für Betriebe, die am 24. 4. 59 nicht geschlossen waren, pro Spindel (Mule-Äquivalent):

   Wenn der Betrieb vollständig geschlossen wurde und die Firma, zu der er gehörte, gänzlich aus der Baumwollindustrie ausscheidet: 10 sh. Wenn der Betrieb gänzlich geschlossen wird, aber die Firma, zu der er gehört, in der Industrie verbleibt: 8 sh. Wenn der Betrieb nicht gänzlich geschlossen wird, für jede am 24. 4. 59 laufende Spindel 8 sh

   und für jede am 24. 4. 59 stillstehende Spindel 6 sh.

Die genannten Sätze wurden noch um 5 % erhöht für alle Anmeldungen, die bis zum 31. 8. 59 eingingen — was in der Tat die Mehrzahl war.

Für die Verschrottung von Webstühlen gab es insgesamt 18 verschiedene Entschädigungssätze. Sechs für jede der drei technisch unterschie-

---

[94] Claw-back on Compensation Grant.
Der Anreiz, neue Maschinen anstelle der alten, verschrotteten zu installieren, wurde dadurch natürlich beeinträchtigt. Vgl. Fourth Report of the Estimates Committee, a. a. O., Q. 307.
[95] Für die Veredlungsabteilung s. o., Anm. 45.

denen Kategorien von Webstühlen. Sie betrugen für Webstühle bis 48":

1. Für Webstühle, die am 24. 4. 59 stillstanden und sich in einem Betrieb befanden, der seitdem vollständig geschlossen worden war und der zu einer Firma gehörte, die die Industrie verließ: 56 $^{1}/_{4}$ £

   die Industrie nicht verließ: 45 £

   die sich in einem Betrieb befanden, der vor dem 24. 4. 59 geschlossen worden war: 45 £

   die sich in einem Betrieb befanden, der nicht geschlossen worden und dessen Schließung nicht beabsichtigt war: 36 £.

2. Für Webstühle, die am 24. 4. 59 in Betrieb waren,

   in einem Betrieb, der seitdem geschlossen worden war und zu einer Firma gehörte, die die Industrie gänzlich verließ: 75 £

   zu einer Firma gehörte, die die Industrie nicht gänzlich verließ: 60 £

   in einem Betrieb, der seitdem nicht geschlossen worden war: 48 £.

Die Regelung für das Claw-back war ähnlich wie bei den Spinnereien: eine Fabrik, die 500 Webstühle verschrottete und dafür 30 000 £ erhielt, dann 200 automatische, d. i. das Leistungsäquivalent für 400 normale Webstühle, installiert, muß 75 % der Entschädigungssumme für 400 Webstühle, das sind 18 000 £ zurückzahlen.

Die in der Industrie zu erhebenden Umlagen a) für das eine Drittel, das bei den Entschädigungszahlungen selbst aufzubringen war, und b) für die Entschädigungszahlungen an die zur Entlassung kommenden Belegschaftsmitglieder und die Verwaltungskosten des Planes wurden berechnet bei den Spinnereien nach den installierten Spindeln in Mule-Äquivalent, bei den Webereien nach den installierten Webstühlen, bei den Betrieben der Veredlung nach der Höhe des Umsatzes. Bei den Spinnereien und Webereien bedeutete diese Art der Bemessung einen zusätzlichen Anreiz, die Kapazität zu verringern, da sie eine Erhöhung der fixen Kosten darstellte.

Für die Erledigung von Anträgen auf Entschädigungszahlungen bei Kapazitätsverlusten wurden in jedem Sektor besondere Fragebogen ausgearbeitet. Die Zahlung wurde erst dann geleistet, wenn die Verschrottung von einer Wirtschaftsprüferfirma, die im einzelnen bestimmt war, bescheinigt worden war. Der Schrottwert fiel der Firma zu. Ein Verkauf der Maschinen war unter bestimmten Bedingungen zulässig, dann fiel aber die Entschädigungszahlung fort. Um die Premium-Rate zu erlangen, mußte in jedem Fall ein besonderes Formular ausgefüllt werden[96]. Hier wurde nicht nur verlangt, daß eine Produktionsstätte im ganzen schloß, sondern auch, daß die ganze Firma aus dem Bereich der Baumwollindustrie ausschied. Diese Vorschrift war von Bedeutung für den Fall von Konzernverbindungen. Die Messrs. Binder, Hamlyn & Co. haben hier ein besonderes Prüfungsverfahren ausgearbeitet, um Zweifelsfälle soweit wie möglich auszuschalten[97]. Nur eine kleine Zahl von Fällen mußte wegen dieser Frage vor Gericht entschieden werden.

1. Zur Statistik der Reorganisation[98]:

	Vorhandene Kapazität im April 1959	Laufende Kapazität April 1959	Vorhandene Kap. nach Verschrottg.
Spinnereien (Muleäquivalent in Mill.)	25,3	16,6	12,9
Zwirnereien dto.	1,6	1,0	1,0
Webereien (Webstühle in tausend)	259,2	182,7	154,5

2. Ausscheidende Firmen und Betriebe:

	Spinnereien	Zwirnereien	Webereien
Ausscheidende Firmen	58	33	184
Auscheidende Betriebe	55	—	71
Teilweise reduzierte Betriebe	140	54	234

3. Entschädigungszahlungen[99]:

An Zwirnereien: 0,4 Mill. £ = 13 sh 4 1/2 d pro Zwirnspindel
An Spinnereien: 9,3 Mill. £ = 15 sh pro Mule Äquivalent Spindel
An Webereien: 6,9 Mill. £ = 66 £ pro Webstuhl.

4. Zur Statistik der Wiederausrüstung:

	Spinnereien	Zwirnereien	Webereien	Veredlung
Schätzung des Weißbuchs in Mill. £ a)	40	8	30—45	•
Antragssumme am 27. 4. 1962 in Mill. £ b)	21,4	0,9	17,6	3,0
Antragssumme am 9. 7. 1962 in Mill. £ c)	51	3	43	19

a) Cmnd, 744 § 14 — b) Fourth Report of the Estimates Committee, a. a. O., p. 162. Die maximale Regierungsverpflichtung, d. h. die Verpflichtung, die dann entsteht, wenn alle Investitionspläne bis zum 8. 7. 1964 durchgeführt werden, beträgt 25 % der Antragsumme oder 10,7 Mill. £. — c) lt. Schreiben von Cotton Board vom 8. 3. 1963.

---

[96] Der Fragebogen PR, der vom Cotton Board im Januar 1961 ausgegeben wurde. Vgl. Fourth Report of the Estimates Committee, a. a. O., p. 37.
[97] Formblätter hierzu sind veröffentlicht im Appendix A des Memorandums des Cotton Board, Fourth Report of the Estimates Committee, a. a. O., p. 41 ff.
[98] *Quelle:* Cotton Board and Board of Trade.
[99] Schätzungen der Firma Binder, Hamlyn & Co.

Die Bedingungen für die Wiederausrüstungsbeihilfe wurden vom Cotton Board nach einer ersten Verlautbarung des Board of Trade im April 1959 für die Spinnereien, Zwirnereien und Webereien im März 1960 und im Juli 1961 für die Veredlungsaktion bekanntgegeben. In diesen Bedingungen wurde festgestellt, daß Hilfe nur dann gewährt werden würde, wenn die Investition Teil oder Substanz eines Planes sei, der darauf abziele, die Leistungsfähigkeit der betreffenden Einheit wesentlich zu erhöhen. Die Aufträge mußten bis zum 8. 7. 63 erteilt sein und entweder den Ankauf oder die Modernisierung von Maschinen und Ausrüstungen betreffen. Nicht beihilfefähig war der Kauf von gebrauchten Gegenständen, der Ersatz oder die Modernisierung von Maschinen, die vor dem 24. 4. 59 nicht in Betrieb waren, die entstehenden Mehrausgaben an Verwaltungs- und Kreditkosten, Unterhalt- und Reparaturausgaben, Ausgaben unter 2500 £, und mit Ausnahmen, Ausgaben für Gebäude. Eine Liste von Anschaffungen, die beihilfefähig waren, wurden für die einzelnen Sektoren aufgezählt. Maschinen und Ausrüstungen, die so angeschafft wurden, durften während der nächsten 10 Jahre nicht veräußert werden.

Die Auswirkungen der Wiederausrüstung bestanden in einer Substitution der Arbeits- gegen Kapitalkosten. Die modernen Maschinen sparen etwa 40 % der Arbeitskosten. Ihre Kapitalkosten sind jedoch so hoch, daß sich ihre Anschaffung nur dann bezahlt macht, wenn sie in drei Schichten ausgenützt werden können[100]. Wir geben im folgenden die zusammengefaßten Ergebnisse für vier verschiedene Firmen:

Firma A:

Als Ergebnis der Wiederausrüstung, die mit einer Umgruppierung der Arbeit in der Ring-Spindel-Abteilung verbunden war, sind die Kosten des Spinnens im Vergleich zu 1957 um 14 % gesunken, obwohl in dieser Zeit zwei Lohnerhöhungen stattfanden und die Arbeitszeit von 45 auf 42 1/2 Wochenstunden gesenkt wurde. Die Lohnerhöhung betrug in diesem Zeitraum etwa 20 %.

Firma B:

Vor der Wiederausrüstung wurden 235 Arbeitskräfte beschäftigt, die an 64 000 Ring-Spindeln 30 000 Pfund Garn[101] herstellten. Nach der Wiederausrüstung ist beabsichtigt, in drei Schichten mit 160 Beschäftigten 45 000 Pfund Garn herzustellen.

Firma C:

Vor der Wiederausrüstung stellte die Firma in der Woche 100 000 Pfund Garn[102] her und beschäftigte 380 Arbeitnehmer in zwei Schich-

---
[100] Fourth Report of the Estimates Committee, a. a. O., Q. 445 und p. 89.
[101] Average count 55s combed.
[102] 30s average count.

ten. Nach der Wiederausrüstung wird diese Firma in drei Schichten insgesamt 330 Arbeitnehmer beschäftigen und insgesamt pro Woche 150 000 Pfund Garn herstellen.

Firma D:

Im Verlauf der Wiederausrüstung sank der Personalbestand in den einzelnen Abteilungen zwischen 25 und 80 %. Die direkten Arbeitskosten gingen im Durchschnitt um mehr als die Hälfte zurück. Größere Ersparnisse wurden auch erzielt durch die Senkung der Unterhalts- und Energiekosten.

Ein hypothetischer Fall nach Unterlagen, die im Memorandum der Textile Machinery Makers Ltd.[103] enthalten sind:

Eine Spinnerei spinnt pro Stunde 900 Pfund Gardn 20s Warp. Counts. Bei Umstellung einer alten Anlage mit Einschichtbetrieb auf eine moderne mit drei Schichten sinkt die Zahl der Arbeitsstunden, die nötig ist um 100 Pfund Garn zu produzieren, von 12,5 auf 4,37. Die Arbeitskosten pro 100 Pfund Garn von £ 3315 auf £ 1497 oder von 7,95 d pro Pfund auf 3,59 d.

Die Gesamtersparnis an Arbeitskosten pro Jahr beträgt unter Berücksichtigung der erhöhten Energiekosten £ 78 689. Die moderne Anlage kostet knapp 450 000 £, ein Betrag, der nur die reinen Maschinenkosten deckt. Bei einer Verzinsung von 6 %, 25 % Regierungssubveniton, 20 % Investitionsabschreibung, 10 % Anfangsabschreibung und 15,625 % jährlicher Abschreibung (12 $1/2$ % mal 5/4 für drei Schichten) beträgt die pay-off-Periode, d. h. der Zeitraum innerhalb dessen die Firma das von ihr selbst eingesetzte Kapital amortisiert, fünf bis sechs Jahre. Vorausgesetzt ist hier, daß vom Arbeitsmarkt und vom Absatzmarkt her ein Dreischichtbetrieb möglich ist. Zu berücksichtigen ist ferner, daß die Kapitalkosten sehr niedrig angesetzt sind, da sie Änderungen an Gebäuden, soziale Einrichtungen — die eine Modernisierung regelmäßig begleiten — air conditioning etc. nicht einschließen. Man muß damit rechnen, daß die Modernisierung einer Spinnerei etwa das Doppelte kostet, was eine entsprechende Verlängerung der pay-off-Periode zur Folge hat.

Allgemein kann gesagt werden, daß im Verlauf der Wiederausrüstung die Arbeitskosten z. T. erheblich gesenkt wurden, obschon die Löhne stiegen[104]. Über die Kostenlage insgesamt sagen solche Fest-

---

[103] Fourth Report of the Estimates Committee, a. a. O., p. 98 ff.
[104] Mr. *Harrison*, Vice-Chairman of English Sewing Cotton Co. Ltd. gibt folgende Daten:
Spinnerei: Vor der Modernisierung eine Schicht 9 £ 18 s pro Woche
  mit 42$1/2$ Arbeitsstunden = 56 d pro Stunde
Nach der Modernisierung 2 Schichten 11 £ 11 s pro Woche
  mit 37$1/2$ Arbeitsstunden = 74 d pro Stunde.

stellungen natürlich wenig aus. Insbesondere ist zu bedenken, daß im Verlauf der Wiederausrüstung die Anlagekosten sich wesentlich erhöhten. Ihr Effekt war eine Substitution von Arbeit durch Maschinen und eine entsprechende Änderung in der Kostenstruktur.

Sowohl in der ersten als auch in der zweiten Phase der Reorganisation wurden Arbeitskräfte freigesetzt und in beiden Fällen mußte Entschädigung gezahlt werden. Diese Entschädigung richtete sich nach den Abkommen, die mit den Gewerkschaften geschlossen worden waren. Die so vereinbarte Entschädigung richtete sich grundsätzlich nach dem Alter und dem Wochenlohn. So bekam etwa ein 42 Jahre alter Arbeiter, der arbeitslos wurde, einen Anspruch auf 8 Wochenlöhne, ein 52 Jahre alter 15 Wochenlöhne. Die Hälfte dieser Summe wurde sofort ausgezahlt, die andere Hälfte in Raten in Höhe von zwei Dritteln eines Wochenlohnes weniger der üblichen Arbeitslosenunterstützung. Diese Ratenzahlung hörte auf, wenn der Betreffende eine entsprechende neue Beschäftigung fand. Fand er nur eine schlechter bezahlte Arbeit, so wurde eine Entschädigung gezahlt, die sich nach seinem Anspruch auf Entschädigung und nach der effektiven Verschlechterung richtete. Diese Vereinbarungen wurden auch angewendet für die leitenden Angestellten, die überflüssig wurden, wobei allerdings das berechnungsfähige Einkommen auf 2000 £ begrenzt wurde. In diesem Falle hatten auch private Vereinbarungen über Entschädigungszahlungen eine größere Bedeutung.

Die Vereinbarung, die für die Veredlungsabteilung getroffen wurde, wich etwas von der für die Spinner, Zwirner und Weber ab. So wurde etwa nur eine Mindestbeschäftigungszeit von drei Jahren in der Industrie gefordert gegen fünf im obigen Falle. Auch richtete sich die Bezahlung nur nach der Dienstzeit, nicht nach der Lohnhöhe, und es wurde ein Unterschied zwischen Männern und Frauen gemacht. Ohne näher auf die Berechnungsmethode der Entschädigungssumme einzugehen, die im Fall des Abkommens, das in der Veredlungsindustrie getroffen wurde, — in einzelnen Fällen dem Betroffenen sogar die Wahl zwischen zwei verschiedenen Berechnungsverfahren offenließ — wollen wir nur anhand einiger Beispiele darlegen, wie hoch die Summe war, auf die der Betroffene maximal rechnen konnte.

Zunächst einige Beispiele aus dem Abkommen, das für die Zwirner, Spinner und Weber geschlossen wurde: Ein Arbeiter, 42 Jahre alt, Wochenverdienst 10 £ wird entlassen. Er erhält sofort 40 £ und hat An-

---

Weberei: Lancashire Webstuhl, eine Schicht 9 £ 12 s pro Woche
mit 42¹/₂ Arbeitsstunden = 54 d pro Stunde
Automatischer Webstuhl im Mehrschichtenbetrieb
Tagessatz 13 £ 15 s pro Woche
mit 37¹/₂ Arbeitsstunden = 88 d pro Stunde
Fourth Report of the Estimates Committee, a. a. O., p. 70.

spruch auf weitere 40 £, die in Wochenraten von 4 £ 3 sh 4 d ausgezahlt werden. Nach vier Wochen findet er eine vergleichbare Tätigkeit. Die Ratenzahlung hört auf, die Gesamtentschädigung beträgt 56 £ 13 sh 4 d. Derselbe Arbeiter erhält bei seiner Firma einen Posten, bei dem er nur 9 ¹/₂ £ verdient. In diesem Falle bekommt er 4 £ Entschädigung. Derselbe Arbeiter wird zunächst arbeitslos und nimmt nach vier Wochen eine neue Stellung an, bei der er nur 8 £ verdient. Zusätzlich zu der Entschädigung von 56 14 4, wie im obengenannten Falle, bekommt er 4 £ 13 sh 4 d Entschädigung. Derselbe Arbeiter bekommt bei seiner alten Firma einen Posten, bei dem er nur 8 £ verdient und einen niedrigeren Status hat. Die Entschädigung beträgt 40 £.

Drei Beispiele aus der Veredlungssektion:

Ein männlicher Angestellter, 20 Dienstjahre, Bruttoverdienst 1000 £. Maximale Entschädigung 130 £.

Ein männlicher Angestellter, 35 Dienstjahre, Bruttoverdienst 2500 £. Maximale Entschädigung 630 £.

Ein männlicher Angestellter, 25 Dienstjahre, Bruttoverdienst 1500 £. Entlassen am 30. 9. 59, wieder eingestellt am 1. 1. 60. Maximale Entschädigung 147 £.

In den letzteren Fällen war von Bedeutung, daß der Betroffene wählen konnte zwischen zwei Verfahren, die ihm entweder eine niedrigere Rente über eine lange Zeit oder aber eine hohe Rente über eine kurze Zeit einbrachten. Hätte der letztgenannte Angestellte sich für das erstgenannte Verfahren entschieden, so wäre seine Entschädigungssumme nur 49 £ gewesen, da er ja nach Ablauf von 13 Wochen wieder eingestellt wurde und damit die Rentenzahlung aufhörte.

IV. Würdigung – Probleme

1. Der Beginn der Reorganisation

Die Reorganisation der britischen Baumwollindustrie hat vor drei Jahren begonnen und ist in ihrer zweiten Phase noch nicht abgeschlossen. Ihre Auswirkungen sind zu einem großen Teil langfristiger Natur und erstrecken sich nicht allein auf die Baumwollindustrie. Aus diesem Grunde ist es schwer, schon jetzt den Versuch zu unternehmen, ein so kompliziertes und weitreichendes Unternehmen zu würdigen. Ein Werturteil, das nach Prinzipien einen derartigen Staatseingriff begrüßt oder mißbilligt, scheidet nach unserer Auffassung ipso facto aus. Ebensowenig wird aber auch eine umfassende sachliche Beurteilung möglich sein. Die ‚Sache', um die es sich hier handelt, ist dazu zu vielschichtig. Ihre Natur nimmt sich anders aus in den Augen eines Gewerkschaftsführers, eines Labour-Abgeordneten oder eines Staatsbeamten[1]. Eingedenk des *Protagoras*-Wortes, daß es wohl Erkenntnisse gibt, die besser sind als andere, aber keine, die wahrer sind, wollen wir uns für eine bestimmte Perspektive entscheiden und im folgenden die Erfahrung darstellen, die von den Verantwortlichen im Laufe der Reorganisation gemacht wurde.

Die unmittelbare Folge der Reorganisation war eine weitverbreitete Zuversicht. Die britische Baumwollindustrie war in einem jahrzehntelangen Schrumpfungsprozeß begriffen gewesen, wiederholt hatte man einen Ausweg aus dem so entstandenen fehlerhaften Kreislauf ver-

---

[1] O. *Ballweg*, Zu einer Lehre von der Natur der Sache, Basel 1960, definiert die Natur der Sache als „die objektiv feststellbare, sachlogische Strukturiertheit der Wirklichkeit, deren seinsmäßiger Ordnungscharakter das Recht maßgebend konstituiert." S. 67 im Original kursiv. Er scheint zu übersehen, daß die Wirklichkeit immer für ein Subjekt gegeben sein muß, daß nur das wirklich ist, was von einem Subjekt reflektiert, interpretiert, bestimmt worden ist. Das was wirklich ist, ist von dem was *Kant* „Antagonism", *Hegel* „Negativität" nennt, nicht zu trennen. Vorstellungen einer Objektivität, in der die Menschen wie Lämmlein zusammenleben können, weil sie sich über die Wirklichkeit nicht mehr zu streiten brauchen, sind — nach *Hegel* — „Geistesständeleien". Es ist der große Vorteil der liberalen Theorie wie sie *Hayek* in seiner Constitution of Liberty, London 1960, vorträgt, daß sie sich an diesem Antagonism nicht vorbeidrückt, wie es die Planifikateure verschiedenster Richtungen so gerne tun, indem sie eine Objektivität behaupten, die es in concreto gar nicht gibt. Wie sagte doch *Bossuet* — mit gewiß unbeabsichtigter Doppeldeutigkeit — über den Absolutismus *Ludwigs XIV*? „Qui veut entendre combien la raison préside dans les conseils de ce prince n'a qu'à prêter l'oreille, quand il lui plaît d'en expliquer les motifs." Zit. b. D. Nisard, Histoire de la littérature française, 2. Bd. Paris 1844, S. 478 Expliquez, Messieurs!

sucht, aber erst 1959 war ein durchgreifender Reorganisationsplan angenommen worden. Der Plan hatte einen sehr guten Start gehabt. Die Ergebnisse, die für die erste Phase veröffentlicht wurden, berechtigten zu der Hoffnung, daß die Industrie von dem ständigen Wettbewerbsdruck derer, die ohne Rücksicht auf fixe Kosten anboten, befreit wurde.

Hinzu kam, daß der Plan die Befürchtung auslöste, daß das Angebot verknappt werden würde. Diese Tatsache zusammen mit anderen Faktoren trug dazu bei, daß Mitte 1959 die Konjunktur umschlug. Der Plan war entworfen worden in einer Depression und trug dann mit dazu bei, eine Belebung der Nachfrage auszulösen, so daß die zur Verschrottung angemeldeten Maschinen z. T. bis zum letztmöglichen Tag voll beschäftigt waren[2]. Im Frühjahr 1960 waren die Auftragsbücher der Textilindustrie so gut gefüllt wie schon lange nicht mehr. Die installierte Kapazität hatte sich erheblich vermindert und der Rest wurde zu 90 % ausgenutzt, während man vordem allenfalls 70 % erreicht hatte[3].

Die Ertragslage besserte sich merklich, *Tattersall* sprach von einem ‚dramatic change in profits'[4]. Auch die Arbeiterschaft zog aus der veränderten Lage Nutzen. Die Löhne wurden 1960 um $7^{1}/_{2}$ % erhöht und gleichzeitig die Arbeitszeit von 45 auf $42^{1}/_{2}$ Wochenstunden herabgesetzt. Die Großhandelspreise für Baumwollgarn, die im ersten Vierteljahr 1959 mit 81.4 auf der Basis von 1954=100 einen Tiefstand erreicht hatten, tendierten fest. Der Index stand im ersten Vierteljahr 1960 auf 97,2 und im ersten Vierteljahr 1961 auf 101,9. Die entsprechenden Kennzahlen für Baumwollgewebe lauteten: 87,3 101,9 und 108,7[5]. Durch die Lohnerhöhungen wurde die Hausse-Spekulation weiter verstärkt. Ende 1960 hatten die meisten Spinnereien und Webereien einen Auftragsbestand für die Produktion eines halben Jahres.

Mit dem Jahr 1961 änderte sich die Lage jedoch wieder. Die Produktionszahlen, die bekannt wurden, zeigten, daß durch die Verschrottung faktisch kein Ausfall eingetreten war. Die Spekulation, die von einer derartigen Annahme ausgegangen war, brach daraufhin zusammen. Noch weit stärker wirkte sich aber die Tatsache aus, daß sich der Zwischenhandel, um einer möglichen Verknappung vorzubeugen, viel mehr als in den vergangenen Jahren im Ausland eingedeckt hatte. Die Einfuhren von Garn und Geweben stiegen sprunghaft[6]. Zu Beginn des Jah-

---

[2] Vgl. hierzu den Jahresbericht von *Tattersall* und den Geschäftsbericht der Firma Spinners & Doublers Ltd. für 1960.
[3] The Cotton Board, Quarterly Statistical Review.
[4] a. a. O., p. 13.
[5] Board of Trade, Statistics Division.
[6] Die Einfuhren von Garn betrugen im VierteljahresØ 1960 9.65 Mill. Pfund, im ersten Vierteljahr 1961 11.77 Mill. Pfund, im zweiten Vierteljahr 1961 11.66 Mill. Pfund. Bei den Geweben lauten die entsprechenden Zahlen: 181.93 Mill. sq.yds., 225.30 Mill. sq.yds. und 195.62 Mill. sq.yds. The Cotton Board, Quarterly Statistical Review No. 63, Dec. 61, p. 13.

res 1961 war der Höhepunkt dieser Entwicklung erreicht und man wiederholte die Erfahrung, die man schon des öfteren in der Baumwollindustrie gemacht hatte: die Nachfrage fiel ebenso plötzlich wie sie gestiegen war[7].

2. Der Rückschlag in der zweiten Phase

Diese Veränderung der Marktlage beeinflußte den Fortgang des Reorganisationsplanes entscheidend. Nach einem kräftigen Anlauf geriet die zweite Phase, die Wiederausrüstung, ins Stocken. Die Wiederausrüstung bedeutete, daß von der Industrie selbst verhältnismäßig große Mittel für Investitionen zur Verfügung zu stellen waren, und daß eine Änderung in der Kostenstruktur eintrat, die zwar bei guter Marktlage ein Vorteil, bei schlechter Ausnutzung der Kapazität jedoch ein Nachteil war. Die Ausrüstung mit neuen Anlagen bedeutet, daß die Kosten, die durch das bloße Vorhandensein der Kapazität entstehen, steigen, unabhängig davon, ob diese voll beschäftigt ist oder nicht. In einer Industrie, die nur unsichere Marktaussichten hat, ist daher eine Modernisierung nicht unbedingt ein Vorteil, weil sie entsprechend unbeweglicher wird[8].

Auch erwies sich die Hoffnung, durch die Modernisierung die Industrie instand zu setzen entsprechend billiger anzubieten, als trügerisch. Die Modernisierung bedeutete oft eine erhebliche Senkung der Arbeitskosten, die aber ausgeglichen wurde durch eine wesentliche Steigerung des Kapitalaufwandes. An die Stelle des Lohnproblems trat mit der Modernisierung das Problem der Kapitalkosten. „The main problem in my mind is what is the cost of money[9]?" Die alte Maschinerie, die längst abgeschrieben war, wurde ersetzt durch neue Anlagen, deren Abschreibungen erst verdient werden mußten. Das konnte sich zwar langfristig und bei einem entsprechenden Absatzvolumen günstig auf den Preis auswirken, konnte aber nicht bedeuten, daß nun etwa ein Preiswettbewerb mit den asiatischen Niedrigpreisländern möglich war. „It can be categorically stated that the most modern equipment

---

[7] Auf die allgemeineren Aspekte der kurzfristigen Schwankungen in der Baumwollindustrie gehen wir hier nicht ein. Man spricht von einem dreijährigen Zyklus in England gegenüber einem zweijährigen in den USA. Vgl. Th. J. *Davis*, Cycles and Trends in Textiles, U. S. Dept. of Commerce, Washington 1958 und D. M. *Swan*, Fluctuations in Textile Activity, Manchester 1959 und den Aufsatz von Kroese in Cotton and Allied Textile Industries, 1960.
[8] Bei einer Spinnerei, die in einer Schicht vollbeschäftigt ist, machen die Kapazitätskosten zwei Drittel der gesamten Kosten aus. Nach *Robson*, a. a. O., p. 196. Ebenso Fourth Report of the Estimates Committee, a. a. O., Q. 374.
[9] Mr. *Hodara*, Direktor des Bureau Technique de Conseillers Industriels, Fourth Report of the Estimates Committee, a. a. O., Q. 441.

available could not neutralise the disparity between European and Oriental wages[10] after making normal capital recovery charges[11]."

Hinzu kommt, daß der technische Fortschritt in der Baumwollindustrie sich in der Nachkriegszeit sehr beschleunigt hat. Das bedeutet, daß die Wiederausrüstung ein kontinuierlicher Prozeß ist, der auf lange Sicht durchgehalten werden muß. Eine Anlage, die keinem zu großen Risiko ausgesetzt sein soll, muß in zehn Jahren abgeschrieben sein. Was älter ist, ist oft schon nicht mehr wettbewerbsfähig[12]. Wenn also eine Firma sich entschließt, mit Regierungshilfe neue Anlagen zu kaufen, muß sie erwarten können, daß sie in den nächsten zehn bis fünfzehn Jahren 75 % dieser Anlagekosten durch normale Abschreibungen hereinholen kann und daß sie darüber hinaus in der Lage sein wird, die 25 %, die ihr die Regierung gegeben hat, über den Gewinn zu finanzieren. Ist das nicht der Fall, kann sie ihr technisches Niveau nicht halten, wenn die Anlagen, die sie jetzt kauft, veraltet sind. Wenn die Regierungshilfe einmal die Gestalt von Maschinen und Anlagen angenommen hat, unterliegt sie der beständigen Abnutzug durch Verbrauch oder technischen Fortschritt und muß durch Gewinnanteile ersetzt werden. Das bedeutet, daß nur die Firmen die Regierungshilfe in Anspruch nehmen können, die entsprechend gute Gewinnaussichten haben.

Unter den Bedingungen, wie sie sich in 1961 entwickelten, war daher die Neigung, Regierungshilfe in Anspruch zu nehmen, weit geringer als erwartet. Man hatte damit gerechnet, daß unter diesem Plan etwa 90 Mill. £ investiert werden würden, aber bis zum Frühjahr 1962 wurden erst 35,5 Mill. £ erreicht[13]. Das war ein bescheidenes Ergebnis, das im Unterhaus mit Recht kritisiert wurde[14], aber bei Abwägung der relevanten Faktoren kann man die geringe Investitionsneigung der Un-

---

[10] Die asiatischen Löhne betragen etwa 25 % der englischen, Fourth Report of the Estimates Committee, a. a. O., Q. 499 und 660.

[11] Mr. *Jacks*, Chairman of Ashton Brothers & Co., Hansard Vol. 607, No. 131, 23. 6. 59, Sp. 1139. Ebenso Fourth Report of the Estimates Committee, a. a. O., Q. 803.

[12] Vgl. hierzu die Ausführungen von Mr. *Winterbottom* auf der Harrogate Conference 1958 und in Cotton and Allied Textile Industries 1960, p. 33 ff., und Fourth Report of the Estimates Committee, a. a. O., Q. 372, 570, 466.

[13] Bis zum Ende des Jahres 1961 beliefen sich die Subventionen der Regierung auf etwa 20 Mill. £. Hansard Vol. 651 No. 38 21. 12. 1961 Sp. 1633 bis 1644. Bis Ende April 1962 betrug die maximale Zahlungsverpflichtung der Regierung für Wiederausrüstung 10,7 Mill. £, das sind zusammen mit den 12 Mill. £, die die erste Phase gekostet hat, 22,7 Mill. £. Vgl. a. Anm. 44.

[14] Lord *Rochdale* hatte im Oktober 1961 ausgeführt, daß die unternommene Wiederausrüstung nicht mehr sei als man von einer Industrie erwarten würde, die sich schon auf dem modernsten Stand befinde. Das löste in dem Sub-Committee F die Frage aus „as for why Government assistance was required at all in these circumstances?" Fourth Report of the Estimates Committee, a. a. O., Q. 258.

ternehmungen verstehen. Wenn die Anlagen nicht voll ausgenutzt werden können, sind sie auch dann zu teuer, wenn der Staat 25 % der Anschaffungskosten trägt. Gegen Ende des Jahres 1961 waren sogar Anlagen, die mit Regierungsmitteln neu gekauft worden waren, unbeschäftigt und die Financial Times schrieb: „It seems certain that whatever the industry did it could not survive under present conditions[5]."

Das geringe Zutrauen in die zukünftige Entwicklung wurde während Vernehmungen vor dem parlamentarischen Untersuchungsausschuß schlagartig beleuchtet, als Colonel *Whitehead*, der Präsident der British Spinners' and Doublers' Association auf die Frage, wieviel Anlagen seines Bereichs sich im Prozeß der Neuausrüstung befänden, antwortete: fünf. Auf die weitere Frage: „How many mills have you?" war die Antwort: „Forty-three"[16].

Nach dem 8. 7. 1962 — dem Zeitpunkt, an dem die Anmeldefrist ablief — stellte sich nun freilich heraus, daß man mit 116 Mill. £ doch ein befriedigendes Antragsvolumen erreicht hatte[17]. Es ist damit jedoch nicht gewährleistet, daß alle diese Investitionspläne auch realisiert werden. Ein Teil von ihnen ist wahrscheinlich nur eingereicht worden um für alle Fälle die Möglichkeit zu haben Regierungshilfe in Anspruch nehmen zu können. Gegen Ende 1962 waren jedenfalls erst etwa ein Sechstel dieser Investitionen auch wirklich durchgeführt, und vor der Erreichung der Endsumme liegt noch „a very long way to go"[18]. Unter diesen Umständen ist die Frage, wie die Industrie mit ihren strukturellen Schwierigkeiten und mit der bestehenden Importsituation fertig wird, dringender als je zuvor.

3. Strukturelle Probleme der Industrie

Ursache für die Enttäuschung, die sich nach den Hoffnungen des Jahres 1959 wieder ausbreitete, waren die großen Importe, die es unmöglich machten, ein Absatz- und Preisniveau aufrechtzuerhalten, das allein größere Investitionen gerechtfertigt hätte. Als die Produzenten die ersten Ergebnisse von Neuordnung und Wiederausrüstung auf dem Markt realisieren wollten, fanden sie ihre Absatzkanäle mit chinesischen, indischen und spanischen Waren verstopft vor[19], und wieder einmal zeigten sich die Nachteile, die mit der ‚curious horizontal organization'[20] der britischen Baumwollindustrie verbunden sind.

---

[15] Zit. im Hansard Vol. 652, No. 39, Sp. 161 vom 23. 1. 62.
[16] Fourth Report of the Estimates Committee, a. a. O., Q. 818 und 819.
[17] Laut Schreiben vom Board of Trade vom 12. 11. 1962.
[18] Lord *Rochdale*, Harrogate 1962, p. 57.
[19] In den ersten sechs Monaten von 1961 wurden 36 % der Inlandsnachfrage durch Einfuhren befriedigt. Fourth Report of the Estimates Committee, a. a. O., Q. 811.
[20] Sir D. *Eccles* im Unterhaus, Hansard Vol. 607, No. 131, 23. 6. 1959, Sp. 1153.

Die Neuordnung konnte zwar die schon bestehenden Tendenzen zu einer Strukturverbesserung begünstigen, dadurch daß sie es den schwächeren Betrieben ermöglichte die Industrie zu verlassen und den größeren Unternehmungen mit reicheren Finanzquellen bei der Wiederausrüstung einen Vorteil gewährte, aber auch nach der Neuordnung besteht die britische Baumwollindustrie überwiegend aus Mittel- und Kleinbetrieben, deren Hoffnung auf Selbstbehauptung wohl nicht immer gerechtfertigt ist. „The people of Lancashire in the cotton industry", sagte der Earl of *Dundee* im Oberhaus[21], „whether they are employers or workers, all seem to bee the most conservative and individualistic people in the world."

Der Unternehmer hängt an seinem Betrieb, der Arbeiter an den Arbeitsbedingungen, die er gewohnt ist[22]. Eine Umstellung ist für beide gleich schwer[23]. Es gibt nach Ansicht des Präsidenten der British Spinners and Doublers Association nur wenig Firmen in Lancashire, die mit den besten Anlagen auf dem Kontinent konkurrieren können[24], und die Kostenlage der britischen Baumwollindustrie scheint — nach den spärlichen Unterlagen, die hier zur Verfügung stehen — verhältnismäßig ungünstig zu sein. Es wird angenommen, daß die Arbeitsproduktivität in der amerikanischen Baumwollindustrie viermal größer ist als in der englischen[25].

Aus diesem Grunde ist auch für England das Problem der niedrigen asiatischen Löhne so drückend. Das Lohndifferential wird hier nicht wie es in den USA wenigstens teilweise der Fall zu sein scheint ausgeglichen durch eine entsprechend hohe Arbeitsproduktivität[26]. Da ein Wettbewerb mit asiatischen Löhnen unmöglich ist, muß mit Hilfe der modernsten Technik konkurriert werden, d. h. hohe Arbeitsproduktivität, hohe Löhne und niedriger Lohnanteil. Die Qualitätsarbeit muß unter diesen Bedingungen ihren Charakter verändern, sie kann nicht mehr

---

[21] Hansard Vol. 217, No. 92, 30. 6. 1959, Sp. 489.
[22] Zu einem gewissen Teil hängt die unzureichende Integration der Industrie auch hiermit zusammen. „Complete integration, of course, might also be a danger because the industry would be stratified. There would be an impact all the way through and your organization might not be able to cope with that", Mr. *Hodara*, Fourth Report of the Estimates Committee, a. a. O., Q. 443.
[23] „I do no know of a brand new mill built in Lancashire for the last ten years." Mr. *Harrison* vor dem Estimates Committee, Fourth Report of the Estimates Committee, a. a. O., Q. 376.
[24] Vgl. Fourth Report of the Estimates Committee, a. a. O., Q. 817.
[25] US Dept. of Commerce. Comparative Fabric Production Costs in the United States and four other Countries, Washington 1961, p. 25.
[26] So hatte sich *Ricardo* das Verhältnis der Industriestaaten zu den Entwicklungsländern vorgestellt. „It does not therefore follow that because Otaheite has an abundance of fertile land profits should be there at the highest rate, because the skill and the means of abridging labour may in Europe more than compensate this natural advantage of Otaheite." Letters of David *Ricardo* to T. R. *Malthus*, ed. by J. *Bonar*, Oxford 1887, p. 93/94.

3. Strukturelle Probleme der Industrie

Qualität in der Herstellung der Waren, sondern muß Qualität in der Bedienung des technischen Apparates sein, der diese Waren herstellt.

Der Cotton Industry Act kann hier, wenn er Erfolg haben will, nur einen Anfang bedeuten, der im Laufe der Zeit zu einer tiefgreifenden Strukturveränderung führen muß. Die Richtung dieser Veränderung wird in den Angaben deutlich, die wir schon oben zitiert haben. Der Anteil der Arbeitskosten an den Produktionskosten einer modernen Spinnerei beträgt nach Sir Cuthberg *Clegg* 10—20 %, der Anteil der Arbeitskosten an den Produktionskosten einer repräsentativen Spinnerei in Lancashire beträgt nach Colonel *Whitehead* 55 %[27].

Unter den gegebenen strukturellen Bedingungen konnte der Cotton Industry Act nur den Anstoß zu einer weitergreifenden Strukturveränderung bedeuten. Ob dieser entscheidende Aspekt zum Zuge kommen wird, ist gegenwärtig schwer zu beurteilen. Auch der gute Wille, den wir während der Reorganisation auf allen Seiten beobachten können, kann nur wenig daran ändern, daß sich ein gewisser Vorrat an schlechten Erfahrungen angesammelt hat, der die Erwartungen und Verhaltensweisen der Menschen ungünstig beeinflußt[28]. Die Indifferenz der Beteiligten bzw. eine strukturelle Disposition zu falschen Entscheidungen wird hier zu einem entscheidenden Problem[29].

Die Baumwollindustrie braucht nicht nur neue Maschinen, sondern auch neue Menschen, Arbeiter und Führungskräfte. Die Löhne und Gehälter, die sie zahlt, sind zwar durchaus vergleichbar mit denen anderer Industriezweige, aber die Beschäftigung ist in ihr nicht regelmäßig. In einem Land, in dem sonst Vollbeschäftigung herrscht, ist das ein schwerwiegender Nachteil. Er bedeutet, daß ein Arbeiter, solange er noch beweglich ist, sich lieber einen anderen Arbeitsplatz sucht, wenn es sein muß mit niedrigerem Lohn. Was in der Baumwollindustrie zurückbleibt, sind dann die älteren, nicht mehr beweglichen Arbeitskräfte. Der Arbeitskräftebestand ist in der britischen Baumwollindustrie stark überaltert: 53 % der Männer, die in ihr arbeiten, sind zwischen 40 und 64, 5 % sind über 65. Bei den Frauen, die etwa zwei Drittel der Arbeitnehmer stellen, sind 40 % zwischen 40 und 59 und 6 % über 60 Jahre alt. Der hohe Anteil der arbeitenden Frauen brachte ein gewisses Problem mit sich, weil nach den englischen Fabrikgesetzen die Frauenarbeit zwischen 22 Uhr und 6 Uhr verboten ist. Die Nachtschicht mußte also durch Männer besetzt werden. Obwohl für die Nachtschicht

---

[27] Fourth Report of the Estimates Committee, a. a. O., p. 70 und 132, Q. 374 und 660.
[28] „There have been so many ups and downs that the industry has got rather a bad name." Fourth Report of the Estimates Committee, a. a. O., Q. 620, ebenso Q. 404.
[29] Ein Beispiel hierfür war auch die Erfahrung mit dem *Cripps*-Plan von 1948. Vgl. Fourth Report of the Estimates Committee, a. a. O., Q. 350, 353.

eine Prämie von 40 %/o gezahlt wird[30], ist eine befriedigende Rekrutierung bisher nicht gelungen. Das macht sich natürlich vor allen Dingen bei den Betrieben bemerkbar, die sich modernisiert haben und nun unter dem Druck der fixen Kosten stehen. Diese Betriebe leiden darunter, daß die Baumwollindustrie insgesamt nicht attraktiv genug aussieht, und die Belegschaften werden kaum für die Einführung von Schichtarbeit stimmen — unabhängig von der Prämie, die dafür gezahlt wird —, wenn sie den Eindruck haben, daß Schichtarbeit bedeutet, daß ein gegebenes Arbeitspensum schneller aufgearbeitet ist[31]. Der moderne Betrieb leidet unter dem Eindruck, den der veraltete Betrieb auf die Arbeiterschaft macht. Es ist für ihn schwer, die hier angesammelten schlechten Erfahrungen zu korrigieren, und er mag aus diesem Grunde sogar gezwungen sein, das Milieu zu wechseln, d. h. Lancashire zu verlassen[32].

Der langandauernde Schrumpfungsprozeß stellt eine negative Auslese dar, durch die die langfristigen Aussichten der Reorganisation beeinträchtigt werden. Um einen wirklichen Erfolg zu erreichen, muß hier ein durchgreifender Wandel eintreten, der schwer zu bewirken ist, solange die Aussichten der Zukunft so ungewiß sind[33]. Der Cotton Board errechnete 1960, daß die Industrie in den nächsten fünf Jahren die doppelte Zahl junger Arbeiter benötigen würde als sie gegenwärtig zu rekrutieren imstande ist. Das ist ein großes Problem, weil die Wirtschaftlichkeit der neuen Anlagen wesentlich davon abhängig ist, ob sie in mehreren Schichten ausgenutzt werden können. „If a mill is going to plan extensive re-equipment, but is not sure enough of its ability to secure the personnel for a third shift. I would strongly suggest they try some other trade to presarve their investment[34]." Auch der gute Wille der Gewerkschaften kann wenig an den objektiven Bedingungen ändern, die ein ausreichendes Arbeitsangebot für eine spezielle Arbeit nicht zustande kommen lassen. Die amerikanische Textilindustrie ist aus ähnlichen Gründen nach Carolina abgewandert. „We have not yet found our Carolina[35]."

Hinzu kommen die auch in anderen Industrien bekannten Probleme der Führungsauslese und des Führungsnachwuchses, die hier besonders

---

[30] Fourth Report of the Estimates Committee, a. a. O., p. 89. *Robson* spricht noch von einem Differential von 20 %/o, a. a. O., p. 198/199.
[31] Vgl. Fourth Report of the Estimates Committee, a. a. O., p. 130.
[32] Vgl. Fourth Report of the Estimates Committee, a. a. O., Q. 374.
[33] Die z. T. erheblichen Verbesserungen, die, wie wir oben sahen, die Gewerkschaften im Laufe der Modernisierung durchsetzen konnten, haben bisher keine Änderung in dem Rekrutierungsproblem bewirkt. Eine Stelle als Bus-Fahrer, die nicht so hoch bezahlt wird, ist beliebter als die eines Arbeiters in einer Industrie, deren Aussichten unsicher sind.
[34] Mr. *Hodara*, Fourth Report of the Estimates Committee, a. a. O., Q. 445. Ebenso Mr. *Cartwright*, a. a. O., p. 89 und Q. 483.
[35] Mr. *Harrison*, Fourth Report of the Estimates Committee, a. a. O., Q. 416.

drückend sind. Eine Industrie, die sich ausdehnt, bietet geeigneten Menschen bessere Chancen als eine Industrie, die stagniert oder gar schrumpft, und hat daher bessere Aussichten, geeignete Führungskräfte zu bekommen[36]. Auch hier ist das Problem sichtbarer als eine mögliche Lösung. Mit der Hoffnung auf die nachfolgende Generation ist es sicher nicht getan. Die Zeit arbeitet gegen die Baumwollindustrie und ein Abwarten auf den natürlichen Auslese- und Aussterbeprozeß kann sehr wohl eine zu große Belastung bedeuten[37].

Dieser Mangel macht sich besonders jetzt störend bemerkbar, weil sich im Bereich der Baumwollindustrie das Tempo der Veränderung in der Zeit nach dem letzten Krieg sehr erhöht hat[38]. Ein wichtiger Grund für die Schwierigkeiten, in die die Baumwollindustrie nach dem ersten Krieg geriet, war die Tatsache, daß der technische Fortschritt verhältnismäßig gering war. Man konkurrierte daher nicht durch den Einsatz „neuer Kombinationen" (Schumpeter), sondern durch den Einsatz billigerer Arbeitskraft. Der technische Vorsprung, den Lancashire hatte, ging in diesen Jahren verloren und in demselben Maße wirkte sich der Vorteil aus, den die asiatischen Länder mit ihrer billigeren Arbeitskraft hatten. Die sichere Marktposition, die hier errungen wurde, wird zu einem entscheidenden Vorteil, wenn sich das Tempo der technischen Entwicklung wieder beschleunigt. Jetzt muß regelmäßig ein hohes Abschreibungsvolumen finanziert werden[39], und das ist nur möglich, wenn vom Markt her ständig ein hoher Ausnutzungsgrad der Anlagen gewährleistet ist. In asiatischen Ländern befindet sich die Baumwollindustrie in ständiger Ausdehnung und das bedeutet, daß sie am technischen Fortschritt automatisch teilnimmt. Hinzu kommt, daß der Ausnutzungsgrad in den asiatischen Ländern wesentlich höher ist. Eine Spindel, die, wie in Hongkong, 8000 oder, wie in Japan und Indien, 6000 Stunden im Jahr läuft, kann höhere Anschaffungskosten vertragen und ist schneller abgeschrieben als eine, die — wie in Lancashire — nur 2000 Stunden in Betrieb ist[40].

---

[36] „If you are competing with Holland and you find that Holland is shipping goods into this market over a 17 1/2 per cent. tariff you have to sit down and ask yourself what you are doing and there arises amongst a certain element the feeling, and this is perhaps a Lancashire characteristic, that no one can beat us and therefore these peope must be up to some dirty work." Mr. *Harrison* vor dem Estimates Committee. Fourth Report of the Estimates Committee, a. a. O., Q. 380, ebenso Mr. *Hodara*, Q. 453.

[37] „There is a definite lack of managerial capacity in a good part of the industry." Fourth Report of the Estimates Committee, a. a. O., Q. 452.

[38] „In the last three to four years there has been an enormous advance." Mr. *Harrison* vor dem Estimates Committee, a. a. O., Q. 371, ebenso Q. 465.

[39] Man rechnet damit, daß die maschinelle Ausrüstung im Laufe von 10 Jahren abgeschrieben sein muß. Vgl. Fourth Report of the Estimates Committee, a. a. O., Q. 372 und 570.

[40] Vgl. Fourth Report of the Estimates Committee, a. a. O., Q. 577.

Der technische Fortschritt begünstigt oft den Stärkeren, weil dieser sich besser anpassen kann. Für den Schwächeren kann er leicht das Todesurteil bedeuten, wenn nicht besondere Hilfsmaßnahmen eingeleitet werden. Das ist der allgemeine Hintergrund des Staatseingriffs. Er erfolgte in einer Lage, die technisch und sozialökonomisch in rasche Bewegung gekommen war und sollte in dieser Bewegung den Anschluß der britischen Baumwollindustrie sicherstellen. Unter den gegebenen Bedingungen war das jedoch ein Engagement, das nur schwer auf einen fest umrissenen Katalog von Maßnahmen, wie er im Cotton Industry Act 1959 enthalten war, festzulegen war.

4. Strukturelle Probleme des Staatseingriffs

Die Regierung, die nicht ohne längere Überlegung sich dazu bereitfand, der Baumwollindustrie ihren Beistand zu gewähren, hatte selbstverständlich ein Interesse daran, ihre Verpflichtung, die sie so einging, zu begrenzen. Sie machte daher von Anfang an klar, daß sie selbst nicht direkt eingreifen, sondern nur bestimmte Entscheidungen besonders prämieren würde, und daß sie keine Verpflichtung eingehen würde, die mit den Interessen des Commonwealth in Widerspruch stünde.

Das Prinzip der Freiwilligkeit, nach dem die Regierung vorging, bedeutet, daß die Verantwortlichkeit des Unternehmers für alle wirtschaftlichen Entscheidungen voll erhalten bleibt. Es wird nur das System der Marktdaten, an dem er sich orientiert, ergänzt durch ein System von Prämien, die bestimmte Entscheidungen besonders begünstigen. Nach der Überzeugung der Regierung war es unmöglich, anders vorzugehen. „It would be a great mistake to force upon an unwilling industry an outside body with power to give directives as to the capacity which must be closed down, or to decide in detail what re-equipment particular firms must undertake, if they are to qualify for financial assistance"[41].

Es versteht sich, daß dieses Prinzip der Freiwilligkeit im Parlament lebhaft debattiert wurde. Die Opposition war der Ansicht, daß ein solches Vorgehen keine Aussicht auf Erfolg haben würde. Für sie bedeutete dieses Verfahren, daß der Industrie mit Hilfe öffentlicher Mittel ein Beruhigungsmittel — „lolly" — verschafft wurde. Eine wirkliche Hilfe erwartete sie nur von einer Planung[42]. Diese Argumentation hatte politisch keine Chance und hätte wohl auch in Lancashire praktisch wenig Erfolg gehabt, wenn man die Vielfalt der Baumwollindustrie und den alteingewurzelten Konservatismus ihrer Beschäftigten in Betracht zieht. Die Vorstellung, die bei der Opposition zugrunde lag, war die,

---

[41] Weißbuch § 47.
[42] Hansard Vol. 607, No. 131, 23. 6. 1959, Sp. 1107 ff. Vol. 609, No. 151, 21. 7. 1959, Sp. 1203.

4. Strukturelle Probleme des Staatseingriffs

daß mit Hilfe der Planung das Ziel billiger und genauer zu erreichen sein werde. Weshalb sollte der Staat auch Gelder ausgeben, um die Verschrottung von Anlagen zu belohnen, die aus dem vorigen Jahrhundert stammten? Weshalb sollte er die Erreichung der Ziele, die er für wirtschaftspolitisch richtig ansah, von den Entscheidungen der Unternehmer abhängig machen?

Eine derartige Argumentation ist zwar plausibel, aber praktisch wenig brauchbar. Es gibt keinen einfachen Maßstab, nach dem entschieden werden könnte, ob eine Anlage wirtschaftlich brauchbar ist oder nicht. Eine ganze Reihe technischer, wirtschaftlicher und menschlicher Faktoren sind hier zu berücksichtigen. Die Baumwollindustrie besteht aus einer großen Zahl von Betrieben, die sehr verschiedenartig und auf tausendfältige Art und Weise miteinander verflochten sind. Eine Planung hätte hier daher praktisch bedeutet, daß an die Stelle des begrenzten Engagements der Regierung — für das und das Verhalten die und die Prämie zu zahlen — ein unbegrenztes Engagement getreten wäre, dessen wirkliche Kosten nur schwer hätten abgeschätzt werden können.

Wenn die Regierung sich verpflichtet, für ein bestimmtes Verhalten Prämien zu zahlen, so ist der Tatbestand, der für sie kostenwirksam ist, genau festgelegt — obschon der gesamte finanzielle Aufwand auch hier nur schwer genau vorausgeschätzt werden kann. Das Prinzip der Freiwilligkeit bedeutet nicht, daß die Regierung das ganze Risiko auf die Industrie abwälzt, auch sie kann durch unerwartete Reaktionen in Schwierigkeiten kommen. So kritisierte der parlamentarische Untersuchungsausschuß die Tatsache, daß die finanzielle Verpflichtung der Regierung insofern unbestimmt war als sie sich danach richtete, inwieweit sich die Unternehmer an der Reorganisation beteiligen würden[43]. Insgesamt scheint aber der Voranschlag der Regierung bemerkenswert gut gewesen zu sein. Ein genauer Überblick wird erst nach dem 8. 7. 1964 möglich sein, wenn feststeht, welche Vorhaben der zweiten Phase tatsächlich von der Regierung subventioniert werden müssen. Aber eine wesentliche Abweichung von den veranschlagten 30 Mill. £ ist kaum zu erwarten[44].

Bei einem derartigen Unternehmen ist es nicht möglich, die genauen Kosten vorher festzulegen, wohl kann man die Tatbestände, die Kosten verursachen, definieren. Hätte jedoch die Regierung das Prinzip der Freiwilligkeit aufgegeben und die Reorganisation in eigene Regie genommen, so wäre sie damit vor der Notwendigkeit gestanden, ihr Verhal-

---

[43] Fourth Report of the Estimates Committee, a. a. O., Q. 838 und 839.
[44] Unter der Voraussetzung, daß alle beantragten Investitionsvorhaben auch durchgeführt werden, würde sich die gesamte Zahlungsverpflichtung der Regierung für beide Phasen auf etwa 40 Mill. £ belaufen. Wahrscheinlich werden aber nicht alle Investitionsvorhaben realisiert werden.

ten ständig an eine Fülle von Faktoren anzupassen, die noch viel weniger vorauszusehen waren. Eine Regierung, die plant, muß nicht nur ein detailliertes Wissen von Zusammenhängen haben, die für einen Außenstehenden nur schwer zu übersehen sind, sie muß auch das ganze Risiko tragen, das mit dem Wirtschaftsgeschehen verbunden ist und kann allein dadurch zu immer weiter greifenden Maßnahmen gezwungen werden. Die konservative Regierung beschloß daher, sich von dieser Verantwortung freizuhalten, um ihr Engagement zu begrenzen. Abgesehen von einem möglichen Mißerfolg[45], nahm sie dabei von vornherein in Kauf, daß durch ihre Maßnahmen privilegierte bzw. unterprivilegierte Positionen entstehen würden. Ein gut Teil der Argumente der Opposition hat daher moralischen Charakter.

Der Reorganisationsplan entspricht ebensowenig wir irgendein anderes Gesetz in seinen Auswirkungen allen Vorstellungen von Gerechtigkeit. Schon der Stichpunkt, nach dem sich entschied, ob und wieviel Entschädigung gewährt wurde, ob die Regierung für neue Maschinen eine Beihilfe zahlte, brachte natürlich Vor- bzw. Nachteile mit sich. Ein Unternehmen, das seine Anlagen in den fünfziger Jahren erneuert hatte, kommt jetzt nicht in den Genuß der Regierungsbeihilfe und muß noch eine Umlage zahlen für diejenigen, die jetzt erst ihre alten Anlagen verschrotten. Ein Unternehmer, dessen Maschinenpark aus dem Jahre 1893 stammt, erhält ceteris paribus ebensoviel als Entschädigung für seine verschrotteten Maschinen wie ein Unternehmer, der Maschinen aus den fünfziger Jahren zum Verschrotten anbietet, weil er sich im Markt nicht halten kann. Ein Großunternehmen mag die Entschädigungssumme, die es erhält, dazu verwenden, um einen kleineren Konkurrenten aufzukaufen, der mangels ausreichender Eigenmittel nicht die Möglichkeit hat, sich an der Wiederausrüstung zu beteiligen. Für ein kleines Unternehmen mag die Beteiligung an dem Plan nur unter der Bedingung möglich sein, daß es gänzlich aus der Industrie ausscheidet, während ein Konzern eine Betriebseinheit schließen und dafür eine andere modernisieren kann. Ein Arbeiter mag gezwungen sein, eine erhebliche Verschlechterung seines Status hinzunehmen, während sein Direktor eine reichliche Abfindung von seiner Firma erhält. Die Interessen der Aktionäre mögen ganz andere sein als die der Direktoren, und der Kleinaktionär mag gegenüber der Unternehmensleitung, die an ihre eigene Versorgung in der Zukunft denkt, hilflos sein.

Niemand wird verkennen, daß es im Verlauf der Reorganisation Härtefälle gegeben hat. Darum ist es nützlich, sich hier an das englische Sprichwort zu erinnern: Hard cases make bad laws. Wenn eine allgemeine Vorschrift auf eine differenzierte Wirklichkeit angewendet wer-

---

[45] Vgl. Hansard Vol. 652, No. 39, 23. 1. 1962, Sp. 172.

4. Strukturelle Probleme des Staatseingriffs

den soll, so bringt das mit Notwendigkeit Unterschiede in der faktischen Auswirkung mit sich. Das, was für den einen ein gutes Geschäft ist, kann für den anderen eine bittere Notwendigkeit sein. Das moralische Argument, das auf einen Ausgleich in der Wirkung abzielt, sprengt den Rahmen eines Gesetzes und führt zu einer kasuistischen Regelung eines jeden einzelnen Falles, praktisch zu einer unbegrenzten Ausgleichsverpflichtung des Staates. Aus dieser Verpflichtung hat sich die Regierung herausgehalten. Sie hat durch Einschaltung einer neutralen Wirtschaftsprüferfirma und der Gewerkschaften dafür gesorgt, daß durchschnittlich akzeptable Entschädigungssätze zustande kamen und hat es auf dieser Basis der Industrie selbst überlassen, was sie mit dem Gesetz anfangen wollte. Sie hat erklärt, daß das der Beitrag sei, den sie leisten wolle, und daß insofern ihre Verpflichtung begrenzt sei.

Hier taucht nun eine Frage auf, die in unserem Zusammenhang eine große Bedeutung hat: ob es nämlich bei den Größenordnungen, um die es sich handelt, und bei der Prominenz des Falles überhaupt ein begrenztes Engagement des Staates gibt. Kann die Regierung wirklich ihr Engagement auf das vorgesetzte Maß begrenzen oder ist sie, wenn sie einmal eingreift, gezwungen, darüber hinauszugehen, wenn die gesteckten Ziele so nicht erreicht werden können? Die gesetzgeberische Maßnahme wird getroffen im Hinblick auf eine gewisse ratio legis: was geschieht, wenn die Vorschrift nicht ausreicht, um ihre ratio zu rechtfertigen?

Hier geriet die britische Wirtschaftspolitik in ein Dilemma. Der Grund des Gesetzes war, die britische Baumwollindustrie mit den Ländern des Commonwealth wettbewerbsfähig zu machen, nicht aber diese von dem britischen Markt auszuschließen. Premierminister *Macmillan* hatte das schon 1958 in Harrogate deutlich gemacht. Durch Vereinbarungen des GATT war die Industrie auf den Weg freiwilliger Abmachungen verwiesen worden. Die Voraussetzung, die hier gemacht wurde, war die, daß auf diesem Wege eine ausreichende Stabilität des Marktes werde erreicht werden können. Diese Voraussetzung erwies sich jedoch als falsch. Wie wir gesehen haben, trat hier im Verlauf der Reorganisation eine entscheidende Veränderung ein, die den Absichten des Gesetzes entgegenwirkte.

Die Veränderung der Marktdaten, auf die die Regierung keinen Einfluß nehmen wollte, bewirkte, daß in der Baumwollindustrie Verwirrungen und Enttäuschungen an die Stelle der Zuversicht traten, die die Regierung mit ihrem Plan hatte fördern wollen[46]. Die Regierung hatte nicht die Absicht, über ihr Engagement hinauszugehen und etwa durch staatliche Maßnahmen die Einfuhr von ausländischen Baumwollwaren zu verhindern. „The main point is" erklärte der parlamentarische Se-

---
[46] Vgl. die Debatten im Unterhaus am 21. 12. 1961 und am 23. 1. 1962.

kretär des Board of Trade im Unterhaus, „that it really is not possible for the Government to assure to any industry a given proportion of the market in this country. They cannot give an assurance that imports will not be allowed to exceed a level which would endanger that level"[47].

So verständlich dieser Standpunkt der Regierung war, er machte die Ziele, die sie mit dem Cotton Industry Act angestrebt hatte, in den Augen der Industrie zweifelhaft. Mehr als alle Erklärungen hatte auf die Industrie Eindruck gemacht, daß die Regierung ihr Geld gegeben hatte. Daraus hatte sie geschlossen, daß die Regierung auch ihre wirtschaftspolitischen Vorstellungen übernommen hatte[48]. Jetzt stellte sich heraus, daß die Regierung auf ihrer wirtschaftspolitischen Linie blieb. An die Stelle des Optimismus, der noch Ende 1960 geherrscht hatte, trat eine allgemeine Resignation[49]. Ein Wille ist nur in dem Maße glaubwürdig, in dem die Mittel, die er einsetzt, in etwa seinem Ziel entsprechen. In unserem Falle reichten diese Mittel offensichtlich nicht aus und die Industrie konnte sich selbst durch freiwillige Abmachungen im Rahmen des GATT nicht den notwendigen Schutz verschaffen. Das Ergebnis war auf seiten der Opposition Empörung darüber, daß die Industrie mit neuen Forderungen auftrat, nachdem sie gerade die Regierungshilfe in Anspruch genommen hatte, auf seiten der Industrie tiefe Unsicherheit darüber, ob der Regierung wirklich am Weiterbestehen der englischen Baumwollindustrie gelegen sei, und auf seiten der Regierung der nicht sehr überzeugende Versuch, sich dadurch aus der Affaire zu ziehen, daß man auf den begrenzten Charakter des Engagements hinwies.

Unser Fall zeigt, daß ein Staatseingriff leicht zu Schwierigkeiten führen kann, wenn es von vornherein klar ist, daß der Staat nicht die Marktdaten kontrollieren kann, die für den Erfolg des Eingriffs von zentraler Bedeutung sind. Mit dem Engagement steigt die Verantwortung der Regierung für die betreffende Industrie, und es wird dann schwer, weitergehende Ansprüche abzuwehren. „They have invested large sums of money in the industry through the reorganization and re-equipment schemes, and have therefore an interest and a responsibility..."[50]. Bis jetzt hat die Regierung dem Verlangen auf weitergehende

---

[47] Hansard Vol. 652, No. 39, 23. 1. 1962, Sp. 172.
[48] Vgl. Fourth Report of the Estimates Committee, a. a. O., Q. 795.
[49] „I would much rather have a limitation on imports on the basis of the year when the scheme came in in 1959 and no grant from this Government." Colonel *Whitehead*, President of the British Spinners and Doublers Association, Fourth Report of the Estimates Committee, a. a. O., Q. 759.
[50] *Winterbottom* in Cotton and Allied Textile Industries 1960 p. 36. Hinzu kommt, daß die Industrie die Regierung ständig darauf hingewiesen hatte, daß die Einfuhren beschränkt werden müßten. Die Industrie konnte jetzt sagen, die Regierung habe gewußt, daß sie ihr Geld verschwendete. Fourth Report of the Estimates Committee, a. a. O., Q. 780.

4. Strukturelle Probleme des Staatseingriffs

Unterstützung nicht nachgegeben, es ist aber schwer vorstellbar, daß es bei dem status quo sein Bewenden haben wird[51].

Zu Beginn des Jahres 1962 kennzeichnete Mr. *King*[52] die Lage mit den Worten ‚almost complete frustration on all sides of the industry'. Die Wiederausrüstung war zu einem frühen Stillstand gekommen, die Zahl der Beschäftigten erreichte mit 170 000 ein neues Tief und die Produktionskosten der Industrie stiegen, weil die neuen Anlagen nicht voll ausgenutzt werden konnten. Nach den Hoffnungen, die durch den Cotton Industry Act genährt worden waren, war diese Entwicklung doppelt schmerzhaft und vor den Beteiligten stand jetzt die Frage, ob die britische Baumwollindustrie überhaupt noch eine Zukunft habe. „The British cotton industry, sagte Lord *Rochdale* am 13. 12. 1961 vor der Manchester Statistical Society, „is still an acknowledged leader of textile thought and development and the world would be poorer without it". Hier ist eine wirtschaftspolitische Entscheidung zu fällen, die nicht an der Tatsache vorbeigehen kann, daß sich die wirtschaftlichen Gegebenheiten seit der Zeit in der die Commonwealth-Verträge unterzeichnet wurden, wesentlich verändert haben. Wie diese Entscheidung ausfällt, wird auch davon abhängen, ob und ggf. unter welchen Bedingungen sich England an die Europäische Wirtschaftsgemeinschaft anschließt. In dieser Entscheidung werden die Lebensinteressen der britischen Baumwollindustrie zwar nur einen, aber doch einen wichtigen Faktor darstellen[53].

Unser Fall zeigt die ganze Zwiespältigkeit, in die eine Regierung geraten kann, wenn sie sich für einen bestimmten Industriezweig engagiert, eine Zwiespältigkeit, die unabhängig ist von der theoretischen Frage, ob die Lenkung des Kapitaleinsatzes anders als über den Preis erfolgen soll, der sich am freien Markt bildet. Es handelt sich hier nicht um die theoretische Frage, ob die Regierung eingreifen soll oder nicht, sondern um die praktische Frage, wie die Regierung ihr Engagement begrenzen kann, wenn sie einmal eingegriffen hat. Sie kann in aller Regel nicht das Risiko übernehmen, das damit verbunden ist; sie bleibt

---

[51] In der Schlußfolgerung des Fourth Report of the Estimates Committee, a. a. O., p. XII, heißt es: „It is no part of the duty of your committee to comment upon the policy which underlies the Act. Nevertheless they feel bound to record their conviction that, failing a speedy and satisfactory solution to the related problems of imports, marketing, and the fuller use of plant and machinery, much of the expenditure incurred will have been to no purpose."

[52] General Secretary of the Accrington and District Card and Blowing Room Operatives and Ring Spinners' Association zit. Hansard Vol. 652, No. 39, 23. 1. 1962, Sp. 161.

[53] Es ist verständlich, daß der Anschluß an die EWG mit entsprechendem Schutz gegen dritte Länder von der Baumwollindustrie Englands begrüßt werden würde. Vgl. die Ausführungen von Lord *Rochdale* auf der Cotton Board Conference 1961, p. 12., und den Bericht über die Konferenz von 1962.

an ihre Vorlage auch dann gebunden, wenn unvorhergesehene Änderungen eintreten. Ihre Grenzen sind politisch abgesteckt und wenn sich der status quo ändert, kann sie ohne Schuld in die Lage desjenigen kommen, der eine geweckte Hoffnung nicht honoriert. Sie kann verhältnismäßig leicht ihren Beistand dazu leisten, eine verfahrene Lage ordentlich abzuwickeln, vorausgesetzt, daß sie überhaupt einen derartigen Beistand für gerechtfertigt ansieht. Wenn sie sich aber darüber hinaus mit der Zukunft einer Industrie zu verbinden sucht, wird es außerordentlich schwer sein, ihr Engagement zu begrenzen. Das Argument ist zwar sehr verlockend, daß es nicht auf ordentliche Abwicklung, sondern auf den Fortschritt ankomme. Die Frage ist nur, ob es sich der Staat, der nicht neue Wirtschaftsbereiche in eigene Regie nehmen will, leisten kann, sich so mit der Idee des Fortschritts zu verbinden[54].

Es ist etwas anderes, ob man eine Subvention zu dem Zweck gibt, der betreffenden Industrie die Anpassung an verschlechterte Marktverhältnisse zu erleichtern, oder ob man es sich zum Ziel setzt, ungünstige Marktbedingungen zu kompensieren. Im ersteren Falle genügt eine Subvention, die die Marktdaten in dem gewünschten Sinne ergänzt, im letzteren besteht immer die Gefahr, daß man das Ziel nur erreicht, wenn man die Marktdaten nicht nur ergänzt, sondern sie beherrscht. In der ersten Phase sollte die Staatshilfe dazu dienen einen Schlußstrich unter die Vergangenheit zu ziehen, die „Vorsprungszeit der Notstände" (*Gehlen*) einzuholen; in der zweiten Phase handelte es sich nicht darum, überschaubare Fehler der Vergangenheit zu beseitigen, sondern Chancen für eine ungewisse Zukunft zu eröffnen. Hier war der Erfolg der Staatshilfe davon abhängig, daß die übrigen Bedingungen unter denen die Industrie produzierte in etwa gleich blieben, insbesondere sich die internationale Wettbewerbslage nicht weiter verschlechterte. Die Wirksamkeit des Staatseingriffs kann hier nicht annähernd so genau vorausberechnet werden wie im ersten Falle. Wie das britische Beispiel zeigt, muß sich die öffentliche Instanz, die den Staatseingriff verantwortet hat, hier u. U. dagegen wehren in die Position desjenigen gedrängt zu werden, der leere Hoffnungen geweckt hat. Wenn sich einmal ein gewisser Vorrat von schlechten Erfahrungen angesammelt hat, besteht immer die Tendenz in Pessimismus zurückzufallen und unter diesem Umständen „much of the expenditure incurred will have been to no purpose"[55].

---

[54] Bei dem jungen *Marx* gibt es das bezeichnende Wort, daß der Fortschritt zum Prinzip der Verfassung zu erheben sei. Max-Engels Gesamtausgabe. Hrsg. v. D. Rjazanow und N. Adoratskij, Berlin 1927 ff., Bd. I, Erster Halbband, S. 467.
[55] Fourth Report of the Estimates Committee, a. a. O., p. XII.

4. Strukturelle Probleme des Staatseingriffs

Die Frage, ob eine Firma investiert oder nicht, wird im wesentlichen bestimmt durch Faktoren, die der Staat nicht kontrollieren kann: dem Zustand des Marktes, dem technischen Fortschritt. Das englische Beispiel zeigt, daß eine Investition, die nicht von hier gerechtfertigt erscheint, auch dann nicht vorgenommen wird, wenn der Staat sie subventioniert. Die Tatsache, daß die britische Regierung sich bereiterklärte, Investitionen zu subventionieren, beeinflußte zunächst nur die zeitliche Verteilung, nicht die Gesamthöhe der Investition. Dies zeigt der Rückgang der Investitionen in der Zeit vor dem Inkrafttreten der Wiederausrüstungsbestimmungen, ihr sprunghaftes Ansteigen darnach und der Abfall nach Erschöpfung dieses aufgestauten Bedarfs[56]. Wenn freilich die beantragten 116 Mill. £ bis Mitte 1964 tatsächlich investiert werden sollten — gegenwärtig ist erst ein Sechstel dieses Betrages investiert — so würde sich mit einer Jahresrate von knapp 24 Mill. £ eine gewisse Erhöhung gegenüber dem niedrigen Niveau ergeben, das vor der Reorganisation bestand[57].

Die Probleme, die unter marktwirtschaftlichen Bedingungen mit dem Versuch verbunden sind durch Subventionen die Investitionsrate eines Gewerbezweigs zu erhöhen, sind jedenfalls an diesem Beispiel sehr deutlich geworden. Der Versuch, den Fortschritt eines Gewerbezweiges zu beeinflussen, führt dazu, daß der Staat dazu gedrängt wird, das allgemeine Unternehmerrisiko dieses Gewerbezweiges zu übernehmen. Dadurch wird er im konkreten Fall sehr wahrscheinlich bald vor Konsequenzen gestellt werden, vor denen zwar nicht die Labour-Party aber doch die Konservativen bisher zurückgeschreckt sind.

---

[56] Vgl. hierzu auch Fourth Report of the Estimates Committee, a. a. O., Q. 258, 340.
[57] Der britische Produktionszensus nennt als Auslagen für Anlagen und Maschinen in den drei Sektoren: Spinnereien, Webereien und Veredlungsbetriebe für 1954 16,8 und für 1958 14,2 Mill. £. Das Board of Trade Journal für 1959 16,6 und für 1960 20,6 Mill. £. The Report on the Census of Production for 1958 Teil 77, 78 und 88; The Board of Trade Journal, Vol. 181, p. 1211.

Schluß

Wir wollen zum Schluß keine Zusammenfassung geben, sondern nur einige pragmatische Erwägungen herausstellen, die in einem derartigen Fall von Bedeutung zu sein scheinen.

Offenbar sind zutreffende Informationen über die wirkliche wirtschaftliche Lage des betreffenden Gewerbezweiges eine wichtige Voraussetzung. Sie ist keineswegs leicht zu beschaffen. Die quantitativen Ergebnisse, die für die Vergangenheit vorliegen, ihr Zusammenhang mit anderen Daten, sind nur ein kleiner Teil der relevanten Information. Quantitative Daten und ihr Zusammenhang sind nicht unmittelbar gegeben, sie sind das Ergebnis unzählig vieler einzelner Entscheidungen, die von Menschen getroffen werden, die sich nicht nach dem richten, was vielleicht wünschenswert wäre, sondern darnach, was sie für praktisch möglich halten. Der Zustand, in dem sich eine Industrie befindet, kann daher nicht exakt definiert, er muß beurteilt werden. Diese Urteilskraft wird gewöhnlich nur durch lange praktische Erfahrung erworben, und das bedeutet, daß die relevante Information sich auf die Urteile derer stützen muß, die die Verantwortung in der betreffenden Industrie tragen. Auch in einer weitgehend aus Klein- und Mittelbetrieben bestehenden Industrie gibt es in der Regel einige Großunternehmen oder Verbände, die den hierzu erforderlichen Überblick haben. Voraussagen, die hier getroffen werden, haben eine gewisse Wahrscheinlichkeit für sich, richtig zu sein[1]. Auch unter rein pragmatischen Erwägungen scheint es nicht zweckmäßig zu sein, sich zu sehr von dem Urteil derer zu entfernen, deren Entscheidungen für den Erfolg der staatlichen Maßnahmen bestimmend sind. Hier sind die Schwierigkeiten der zweiten Phase ein warnendes Beispiel. Die Regierung griff eine Anregung der Industrie auf, übernahm aber nicht die Voraussetzungen, die die Industrie zugrunde gelegt hatte.

Für ein derartiges Vorhaben ist es ferner wichtig, daß ein Apparat vorhanden ist, der die entsprechenden Verwaltungsaufgaben übernehmen kann. Dieser Apparat muß mit den Problemen, um die es sich handelt, vertraut sein, er muß zugleich aber die Gewähr für strikte Neutralität und Diskretion bieten. In unserem Falle ist die verwaltungsmäßige Lösung des Problems eine recht glückliche gewesen[2].

---

[1] Vgl. Fourth Report of the Estimates Committee, a. a. O., Q. 915.
[2] Die Verwaltung der Neuordnung wurde von der betroffenen Industrie fast ausnahmslos gerühmt. Vgl. Fourth Report of the Estimates Committee, a. a. O., Q. 394, 479, 801.

Durch sie wurde ein leistungsfähiger, fachlich qualifizierter und über ein mögliches Mißtrauen erhabener Apparat geschaffen, der strikte ad hoc Bedeutung hatte. Der Aufbau einer neuen Bürokratie wurde vermieden und trotzdem eine zuverlässige Abwicklung gewährleistet.

Von Bedeutung ist ferner, sich der Reaktion des anderen Sozialpartners in der betreffenden Industrie zu vergewissern. Die Reorganisation wurde ausgearbeitet zwischen der Regierung und den Unternehmern. Vermutlich war das die einzige Weise, in der man zu einer praktikablen Lösung kommen konnte. Die Debatten im Unterhaus zeigten später, daß die Opposition von Vorstellungen ausging, mit denen ein Kompromiß nicht möglich gewesen wäre. Nachdem die Entscheidung aber einmal gefallen war, war es wichtig, die Gewerkschaften davon zu überzeugen, daß ihre Mitglieder durch sie keinen Schaden erleiden würden. Diesen Teil der Verhandlungen hat die Regierung den Unternehmern überlassen. Hätte sie sich eingemischt, so wäre das Prinzip der Marktwirtschaft, das dem Plan zugrunde lag, noch einmal Gegenstand der Diskussion geworden. Eine derartige Diskussion hätte aber wohl kaum zu einer Einigung, sondern eher zu steigenden Gegensätzen geführt. Daher wurde diese Entscheidung als fait accompli vorgetragen und lediglich über Entschädigung, die auf Grund dieser Entscheidung notwendig wurde, verhandelt. Dieses Verfahren hat sich bewährt.

Schließlich scheint es wichtig zu sein, in einem derartigen Verfahren nicht kleinlich vorzugehen. Die Anreize, sich systemgerecht zu verhalten, müssen so dosiert sein, daß schnell reagiert wird. So scharf die Verwaltung darauf zu achten hat, daß keine unerlaubten Geschäfte gemacht werden[3], so wenig kann sie sich von dem Einwand beirren lassen, daß einzelne im Rahmen der Vorschriften ein gutes Geschäft gemacht haben. Es gibt in derartigen Fällen immer Vorteils- und Nachteilspositionen. Aber daß überhaupt ein derartiger Plan durchgeführt wird, zeigt, daß die Regierung sich zu einer gewissen Begünstigung entschlossen hat. Und man muß es ihr überlassen, die Begünstigung so zu bemessen, daß das angestrebte Ziel erreicht wird. Die britische Regierung hat sich hier so verhalten, daß sie die Feststellung der Entschädigungssätze einer neutralen Wirtschaftsprüferfirma überließ. Dadurch hat sie sich selbst von einem möglichen Verdacht freigehalten, öffentliche Mittel in sachlich nicht gerechtfertigtem Umfang zu verausgaben.

Auf dieser pragmatischen Ebene hat die Regierung im ganzen erfolgreich operiert. Wenn sie dabei an Grenzen gestoßen ist, so liegt das daran, daß man die Möglichkeiten, die in einem derartigen Ansatz enthalten sind, wohl zu weit eingeschätzt hat. Unser Fall zeigt, daß auch

---

[3] Die Moral der beteiligten Industriekreise war offensichtlich gut. Es ist kein Fall einer wissentlich falschen Angabe zu verzeichnen gewesen. Fourth Report of the Estimates Committee, a. a. O., Q. 194.

das Ziel eines derartigen Staatseingriffs nicht pragmatisch genug formuliert werden kann[4].

Vielleicht hat man sich zu sehr daran gewöhnt anzunehmen, daß die Lösung von Problemen, die rational durchschaubar sind, stets in Richtung des „Fortschritts" liegen müsse. Diese Annahme ist aber ungerechtfertigt. Sie würde in ihrer Konsequenz bedeuten, daß jeder Staatseingriff zu einem unbegrenzten Engagement werden würde, und damit einen Staatseingriff praktisch unmöglich machen, wenn man nicht aus politischen Gründen eine Änderung der Wirtschaftsverfassung anstrebt.

Wenn es, wie in unserem Falle, zu einem Staatseingriff kommt, so zeigt das, daß das Milieu eines Gewerbezweiges für dessen Fortschritt zu ungünstig geworden ist, daß dieser Gewerbezweig nicht mehr den Preis zahlen kann, den jeder Fortschritt kostet. Hier kann der Staat, wenn er es aus bestimmten Gründen für zweckmäßig hält, einspringen. Er kann das Milieu, das er vorfindet, aber nicht überspringen. Er bleibt tausendfältig an die wirtschaftlichen und menschlichen Voraussetzungen gebunden, die er vorfindet, und ginge daher ein sehr großes Risiko ein, wenn er dem Fortschritt des betreffenden Gewerbezweiges eine zu hohe Priorität einräumte.

Die für die Durchführung der staatlichen Wirtschaftspolitik verantwortliche Stelle, in unserem Fall der Board of Trade, bleibt stets an die Milieubedingungen gebunden, die sie vorfindet. Zu diesen gehört auch das dem betreffenden Gewerbezweig zugeordnete Informationssystem. Hier hätte man vielleicht geschickter operieren können. Einzelne Fälle von Verknappungen waren in die Öffentlichkeit gedrungen und hatten zu unzulässigen Verallgemeinerungen über die tatsächliche Auswirkung der Reorganisation geführt[5]. Bis Ende 1960 bestand kein zuverlässiger Überblick und so kam es, daß sich die Erwartungen von der wirklichen Lage entfernten. Ein Staatseingriff, der nicht ganz genau übersehbar ist, scheint bisweilen drastischer als er wirklich ist. Er wird im Parlament diskutiert, er gelangt in die Zeitungen und kann durch die Resonanz, die er so findet, unvorhergesehene Reaktionen auslösen. In einer derartigen Lage muß man immer mit Unbekannten rechnen, man kann aber ihren Einfluß vermindern, wenn man darauf abzielt, die Erwartungen möglichst im Rahmen des status quo ante zu

---

[4] Die Regierung hat stets die volle Verantwortung für ihre Entscheidungen zu tragen, sie kann sich nicht darauf berufen, von anderer Seite veranlaßt worden zu sein. Die zweite Phase der Reorganisation gehörte ursprünglich nicht zu den beabsichtigten Maßnahmen der Regierung. Sie entsprang einer Anregung der Industrie. Vgl. Fourth Report of the Estimates Committee, a. a. O., Q. 790. Dieselbe Industrie desavouierte später die Regierung, weil sie sich auf diesen Vorschlag eingelassen hatte ohne alle ihre Voraussetzungen zu übernehmen. Vgl. Fourth Report oft the Estimates Committee, a. a. O., Q. 780.

[5] Fourth Report of the Estimates Committee, a. a. O., Q. 635.

halten, d. h. bis zum Vorliegen genauer Daten die Bedeutung des Staatseingriffs eher verkleinert als vergrößert. Dabei ist wichtig, daß die Frist innerhalb derer Ungewißheit besteht nicht zu groß ist[6].

Man kann sich diese zahlreichen empirischen Bedingungen durch eine hohe Kontrolldichte des Staates in dem betreffenden Sektor neutralisiert denken. Dadurch wäre das Problem aber nicht gelöst, sondern nur auf eine andere Ebene verschoben. Die Abhängigkeit des Staates von der Struktur, dem Lebenswillen, der Anpassungsfähigkeit des betreffenden Gewerbezweiges, bleibt auch hier bestehen. Diese Abhängigkeit wird leicht unter- und schwer überschätzt, und d. h., daß die opportunity costs des Staatseingriffs eine starke Progression haben. Wenn nicht mit verhältnismäßig geringem Einsatz das Ziel erreicht werden kann, kann das Festhalten an dem Ziel weitreichende Folgen haben. Diese Folgen werden leicht von denen unterschätzt, die glauben, daß der Fortschritt sich auf festem Boden vollziehe, der nur einige Unebenheiten aufweise. Eine derartige Annahme scheint plausibel, weil sie unseren Wünschen entspricht. Sie ist aber theoretisch nie richtig gewesen und konnte in Europa praktisch nur so lange richtig scheinen, als die europäischen Industriestaaten den Fortschritt trugen und sich die sog. Entwicklungsländer anpassen mußten. Gerade die britische Baumwollindustrie ist hier ein vorzügliches Beispiel. Ihr Aufstieg im 19. Jahrhundert bedeutete die Zerstörung der handwerklichen Textilherstellung und löste in den betroffenen Gebieten schwere wirtschaftliche und soziale Anpassungsprozesse aus. In der Zwischenzeit ist die moderne industrielle Technik und Wirtschaftskunst über das europäisch-amerikanische Milieu hinausgewandert und hat insbesondere nach dem zweiten Weltkrieg in einzelnen Entwicklungsgebieten fest Fuß gefaßt. Dadurch ergeben sich weitreichende Konsequenzen, die auch auf die Wirtschaftspolitik der Industriestaaten zurückwirken werden. Man kann sich zwar einen Zustand vorstellen, in dem das Milieu der industriellen Erzeugung so weit einheitlich ist, daß die Wettbewerbsbedingungen überall annähernd dieselben sind und differenzielle Bedingungen, wie Fleiß, Tüchtigkeit und Begabung darüber entscheiden, wer sich im Markt behaupten kann oder nicht. Eine solche Milieuangleichung kann nicht bedeuten, daß das Milieu überall dasselbe wird, wohl aber, daß die Faktoren, die darüber entscheiden ob sich eine Industrie im Markt behaupten kann, nicht ganz außerhalb der Kontrolle dieser Industrie stehen. Solange das nicht der Fall ist, bedeutet freier Wettbewerb

---

[6] „As regards lessons for the future, experience gained from the operation of the Schemes suggest that... particular importance should be attached to the speed with which the arrangements are required to be carried out and the publicity which they are given... so that uncertaintly as to the effects of the Schemes is reduced to a minimum." Fourth Report of the Estimates Committee, a. a. O., p. 38.

nicht Wettbewerb mit besseren Leistungen, sondern Wettbewerb mit niedrigeren Kosten. Hier können die Industriestaaten, in denen ein bestimmter Lebensstandard üblich geworden ist, und die eine bestimmte politische Verantwortung mit entsprechenden wirtschaftlichen Konsequenzen zu tragen haben, nicht mit den gleichen Erfolgschancen mit den Ländern konkurrieren, deren Lohnniveau wesentlich niedriger ist. Ein Laissez-faire liegt unter solchen Bedingungen weder im Interesse der Beteiligten, noch sichert es auf längere Sicht eine optimale wirtschaftliche Entwicklung. Gute Expansionsmöglichkeiten heute können für die Entwicklungsländer morgen strukturelle Schwierigkeiten bedeuten. Eine Haussespekulation, die hier möglich ist, muß ebenso verhindert werden, wie eine Baissespekulation in den betroffenen Industriestaaten. Die Rückwirkungen der Industrialisierung in Übersee erzwingt strukturelle Anpassungen, die aber nicht außer Kontrolle geraten dürfen. Die weltweite Industrialisierung ist eine Rechnung mit so vielen Unbekannten, daß es ganz natürlich erscheint, der Wirtschaftspolitik hier eine stabilisierende Rolle zuzuschreiben. Da die Industriestaaten für absehbare Zeit die eigentlichen Träger des wirtschaftlichen Fortschritts bleiben werden, liegt es auch im Interesse der Entwicklungsländer, daß hier der Wille erhalten bleibt für diesen Fortschritt beträchtliche Risiken einzugehen. Hier handelt es sich nicht nur um den Fall einer bestimmten Industrie, denn es ist selbstverständlich, daß das Verhalten der Regierung in der Öffentlichkeit aufmerksam beobachtet wird.

Diese Probleme sind nicht unlösbar, aber ihre Lösung setzt u. a. voraus, daß man den industriellen Fortschritt nicht als einen naturgesetzlichen Prozeß ansieht. Gerade ein Wirtschaftssystem, das sich vorwiegend auf die private Initiative verläßt, braucht ein gewisses Maß an Vertrauen, um erfolgreich arbeiten zu können. Ein ausreichendes Angebot von Unternehmerleistung setzt ein Minimum von Sicherheit und Übersehbarkeit voraus. Ein großes Unternehmen mag sich vielleicht diese Sicherheit selbst verschaffen, die vielen kleinen und mittleren Unternehmen aber, auf die wir nicht verzichten können, brauchen einen Schutz gegenüber Risiken, die sie nicht zu vertreten haben. Wenn die weltwirtschaftlichen Beziehungen enger und damit die Rückwirkungen von Entscheidungen weitläufiger werden, wenn die politischen und sozialen Daten, mit denen die Kalkulation zu rechnen hat, an Bedeutung zunehmen, so besteht die Gefahr, daß die wirtschaftlichen Entscheidungen nicht mehr mit der Selbstverständlichkeit und Sicherheit fallen, die für eine kontinuierliche Expansion erforderlich sind.

Das britische Beispiel zeigt, daß die Anpassungsfähigkeit der Privatwirtschaft unter diesen Bedingungen überfordert werden kann. An die Stelle der Anpassung treten dann Resignation und fortschreitender

Wertverlust. Die wirkliche Alternative ist hier nicht, ob man einen Gewerbezweig zugrunde gehen lassen soll oder nicht, sondern ob man es zulassen soll, daß die Industrieunternehmen in diesem Gewerbezweig, die nach vorne drängen, in ihren Milieubedingungen ständig durch die behindert werden, die im Grunde die Hoffnung aufgegeben haben, am industriellen Fortschritt weiter teilzunehmen. Es kann sich nicht darum handeln, bestimmte Kreise zu bevorzugen oder zu benachteiligen, sondern darum, das Vertrauen dort wieder herzustellen, wo es notwendig bestehen muß, und zu verhindern, daß dieses Vertrauen auf unvertretbare Art und Weise erschüttert wird.

Die Anpassung an strukturelle Veränderungen ist heute notwendiger als in der Vergangenheit, weil die Dimensionen und das Tempo der Veränderung über die bisher üblichen Maßstäbe hinausgehen. Daraus erwachsen neue Anforderungen nicht nur für die Unternehmensleitungen und die Verbände, die diesen zugeordnet sind, sondern auch für die staatliche Wirtschaftspolitik. Ob diese Anpassung gelingt oder nicht mag zwar für die Theorie ‚foreign to the question' sein[7], kann aber praktisch immer weniger vernachlässigt werden je komplizierter und damit empfindlicher das industrielle System wird. Was das im Einzelfall bedeutet, muß aus den besonderen Umständen abgeleitet werden. Wirtschaftliche, gesellschaftliche und politische Faktoren sind hier gleichermaßen relevant und ein gut Teil wird auch stets von äußeren Zweckmäßigkeiten abhängen[8]. Es ist daher wohl trügerisch zu hoffen, an die Stelle einer Kunst die durch praktische Erfahrungen gelehrt wird, ein System zu setzen, aus dem deduziert werden kann, was im Einzelfall richtig oder falsch ist[9]. Das Prinzip einer derartigen Hoffnung steht auch in Widerspruch zu der Energie die — jedenfalls in Europa — alle großen Leistungen nicht nur auf wirtschaftlichem Gebiet hervorgebracht hat. „Der Mensch will Eintracht; aber die Natur weiß besser, was für seine Gattung gut ist; sie will Zwietracht[10]." Aus dem Streit der Meinun-

---

[7] So *Ricardo* in seinen Notes on Malthus' Principles of Political Economy' London 1928, p. 167. Vgl. auch F. Y. *Edgeworth:* „Art after art may expire, but the law of comparative cost still continues to act". The Economic Journal Bd. XIII, 1903, p. 573.

[8] Es wird oft übersehen, eine wie große Rolle ‚Zufall und Willkür' in *Hegels* Rechtsphilosophie spielen, während die kommunistischen Ideologen *Morelly, Babeuf, Marx* und ihre Nachfolger gerade diese Seite der Äußerlichkeit als unvernünftig beseitigen wollen.

[9] „In spite of councils of economic advisors and institutes of social relations, then, government — whether of the state, of a business, or even of the personal life — will remain largely a craft for many generations to come, and hopes of reducing it to a science are premature, and perhaps even illusory." K. E. *Boulding,* Principles of Economic Policy, Englewood Cliffs, N. J. 1958, S. 417. Vgl. a. den Aufsatz des Verfassers „Probleme des Staatseingriffs bei wirtschaftlichen Strukturanpassungen". Der Staat, Aug. 1963.

[10] *Kant,* Idee zu einer allgemeinen Geschichte in weltbürgerlicher Absicht, 1784, Vierter Satz.

gen und Interessen geht das hervor was wirklich ist; das gilt auch für die Wirtschaftspolitik. Das ist gewiß nicht ideal, aber diejenigen, die uns sagen, daß ideale Systeme möglich seien, die ohne diesen Antagonismus auskommen und gewissermaßen mit dem Stempel „sachlich richtig" versehen werden können, würden uns eher als durch ihre Konstruktionen dadurch überzeugen, daß sie uns die Energie aufzeigten, durch die jene Möglichkeit Wirklichkeit werden soll. Solange das nicht der Fall ist, halten wir uns daran, daß die Wirtschaftspolitik nicht vernünftig ist obwohl, sondern weil sie aus dem Streit der Interessen und Meinungen hervorgeht, und daß es ihr Ziel nicht ist, an die Stelle dieses Streites eine übergeordnete Vernunft zu setzen — vestigia terrent — sondern diesen Streit fruchtbar zu machen. Dazu gehört mehr als das exakte Räsonnement aus einem abstrakten Extrem, durch das der Manchester-Liberalismus ebenso berühmt geworden ist wie seine radikalen Gegner. Wer aus Extremen räsonniert und das, was wirklich ist, nur als Material ansieht, das im Hinblick auf bestimmte Prinzipien verarbeitet werden kann, will oder kann nicht zugeben, daß jedem Willen Grenzen gesetzt sind. Wer die Energie nicht kennt, durch die etwas geschieht, sieht auch nicht die Grenze, die mit ihr gesetzt ist. Die Neuordnung der britischen Baumwollindustrie bietet hier reichliches Anschauungsmaterial, das unter verschiedenen Gesichtspunkten befragt werden kann. Das Abwägen von Erfolgs- bzw. Mißerfolgschancen kann immer nur am praktischen Fall gelernt werden. Hierzu wollten wir einen kleinen Beitrag liefern.

Literatur

1. Offizielle Veröffentlichungen

Industrial Organization and Development Act 1947 10 & 11 Geo. 6 Ch. 40.
Statutory Instruments:
1948 No. 629 Industrial Organization and Development.
The Cotton Industry Development Council Order, 1948.
1951 Nr. 2173 Industrial Organization and Development.
The Cotton Industry Development Council (Amendment) Order, 1951.
Cotton Industry Act, 1959 7 & 8 Elis. 2 Ch. 48.
Statutory Instruments:
1959 No. 1324 Cotton Industry. The Cotton Doubling Reorganization Scheme (Confirmation) Order, 1959.
1959 No. 1325 Cotton Industry. The Cotton Spinning Reorganization Scheme (Confirmation) Order, 1959.
1959 No. 1326 Cotton Industry. The Cotton Weaving Reorganization Scheme (Confirmation) Order, 1959.
1960 No. 1264 Cotton Industry. The Cotton Finishing (Woven Cloth) Reorganization Scheme (Confirmation) Order, 1960.
1960 No. 1265 Cotton Industry. The Cotton Finishing (Yarn Processing) Reorganization Scheme (Confirmation) Order, 1960.
1961 Cotton Industry. The Cotton Doubling Reorganization Scheme No. 2 (Confirmation) Order, 1961.
1961 No. 1485 Cotton Industry, The Cotton Finishing (Woven Cloth) Reorganization Scheme No. 2 (Confirmation) Order, 1961.
1961 No. 1486 Cotton Industry. The Cotton Finishing (Yarn Processing) Reorganization Scheme No. 2 (Confirmation) Order 1961.
1961 No. 1487 Cotton Industry. The Cotton Spinning Reorganization Scheme No. 2 (Confirmation) Order, 1961.
1961 No. 1488 Cotton Industry. The Cotton Weaving Reorganization Scheme No. 2 (Confirmation) Order, 1961.
Parliamentary Debates (Hansard) House of Commons Official Report:
Vol. 607, No. 127, 17. 6. 1959.
Vol. 607, No. 131, 23. 6. 1959.
Vol. 609, No. 151, 21. 7. 1959.
Vol. 626, No. 144, 12. 7. 1960.
Vol. 644, No. 153, 21. 7. 1961.
Vol. 651, No. 38, 21. 12. 1961.
Vol. 652, No. 39, 23. 1. 1962.
Parliamentary Debates (Hansard) House of Lords Official Report:
Vol. 215, No. 65, 23. 4. 1959.
Vol. 217, No. 92, 30. 6. 1959.
Vol. 217, No. 95, 6. 7. 1959.
Vol. 217, No. 98, 9. 7. 1959.
Vol. 225, No. 108, 21. 7. 1960.
Vol. 234, No. 118, 31. 7. 1961.

Fourth Report of the Estimates Committee. Together with Part of the Minutes of Evidence taken before Sub-Committee F and Appendix, Session 1961/62: Assistance to the Cotton Industry, London 1962.
Board of Trade: Reorganization of the Cotton Industry Cmnd. 744, London 1959.
Board of Trade: Report on the Census of Production for 1958 Part 77 Spinning and Doubling of Cotton, Flax and Man-Made Fibres.
Part 78 Weaving of Cotton, Linen and Man-Made Fibres.
Part 86 Household Textiles and Handkerschiefs.
Part 88 Textile Finishing.
Part 91 Textile Converting.
Memorandum of Agreement between the Federation of Master Cotton Spinners' Associations, Limited, the Cotton Spinners' and Manufacturers' Association, the Condenser & Allies Spinners' & Manufacturers' Association (for weaving interests) and the National Association of Operative Cotton Spinners and Twiners, and the Northern Counties Textile Trades' Federation relating to the payment of compensation to operatives who lose their employment due to the elimination of surplus machinery or the introduction of new machinery under the Government-aides scheme for disposal of redundant plant and re-equipment of spinning, doubling and weaving mills.
Textile Finishing Trades Association: Compensation Agreements in Respect of Loss of Employment.
U. S. Dept. of Commerce. Comparative Fabric Production Costs in the United States and four other Countries. Washington 1961.

2. Selbständige Veröffentlichungen

A. O. *Hirschman,* The Strategy of Economic Development. New Haven, 1958.
R. *Robson,* The Cotton Industry on Britain, London 1957.
The National Institute of Ecconomic and Social Research. Ecconomic and Social Studies. XV. The Structure of British Industry. Volume II. Cambridge 1958.
W. T. *Kroese,* The Cotton Industry of Western Europe in an Changing World 1957.
Lord *Rochdale,* The Cotton-Industry To-Day, Manchester 1961.
Commonwealth Ecconomic Committee Industrial Fibres London 1961.
R. *Papke,* Langfristige Strukturwandlungen und Anpassungsprozesse der britischen Baumwollindustrie, Diss. Münster 1961.

3. Periodika

Board of Trade Journal.
Tattersall's Cotton Trade Review.
The Cotton Board Conference, Adresses and Papers.
The Cotton Board Annual Report.
Lancashire and Merseyside Industrial Development Association. Report of the General Council.
The Cotton Board Quarterly Statistical Review.
Fine Spinners & Doublers Ltd. Report of the Directors.
International Federation of Cotton and Allied Textile Industries:

1. International Cotton Industry Statistics
2. European Cotton Industry Statistics
3. Cotton and Allied Textile Industries
4. International Review of Cotton and Allied Textile Industries.
The Lancashire and Merseyside Industrial Development
    Association: Industrial Lancashire and Merseyside.
Manchester Chamber of Commerce: Monthly Record.
Manchester Chamber of Commerce: Annual Reports.
Birmingham and West Midlands Chambers of Commerce Journal.
Außenwirtschaft.

4. Unveröffentlichte Manuskripte

General Agreement on Tariffs and Trade: Text of Long-Term Arrangement drawn up by the Cotton Textiles Committee at its Meeting from 29. January—9. February 1962.
Board of Trade: Notice to Importers No. 992 Imports from China. Notice to Importers No. 993 Imports from Japan.
M. *Ludwig,* Textile Marketing in World Trade, 1962.
Lancashire and Merseyside Industrial Development Association:
The Occupation of Cotton Mills for Other Industries.
Rundschreiben der Federation of Master Cotton Spinners' Associations Ltd. und der Binder, Hamlyn & Co., betreffend den Reorganisationsplan.

Printed by Libri Plureos GmbH
in Hamburg, Germany